SELECCIÓN DE TEXTOS COMENTADOS

© Jesús Guerrero Salazar
© Ediciones Aljibe, S.L., 2007
   Tlf.: 952 71 43 95
   Fax: 952 71 43 42
   Pavia, 8 - 29300-Archidona (Málaga)
   e-mail: aljibe@edicionesaljibe.com
   www.edicionesaljibe.com

I.S.B.N.: 978-84-9700-395-7
Depósito legal: MA-1323-2007

Cubierta: Raúl Castro Durán
Maquetación: Equipo de Ediciones Aljibe.

Imprime: Imagraf. Málaga.

Queda prohibida, salvo excepción prevista en la ley, cualquier forma de reproducción, distribución, comunicación pública y transformación de esta obra sin contar con autorización de los titulares de propiedad intelectual. La infracción de los derechos mencionados puede ser constitutiva de delito contra la propiedad intelectual (arts. 270 y sgts. Código Penal). El Centro Español de Derechos Reprográficos (www.cedro.org) vela por el respeto de los citados derechos.

Jesús Guerrero Salazar

SELECCIÓN DE TEXTOS COMENTADOS

**EDICIONES
A L J I B E**

A mis padres

ÍNDICE

Prólogo	11
Edad Media	13
Textos medievales	30
El Renacimiento	33
Textos renacentistas	45
El Barroco	49
Textos del Barroco	61
La Ilustración	65
Textos de la Ilustración	75
Siglo XIX	77
El Romanticismo	79
Textos del Romanticismo	92
El Realismo	93
El siglo XX	103
Generación del 98	107
Textos del 98	113
El Modernismo	115
Textos del Modernismo	123
Novecentismo y Vanguardias	125
Textos del Novecentismo	129
Generación del 27	131
Textos del 27	143
Literatura de Posguerra	145
Textos de la Posguerra	154
Textos de la literatura europea	157
Edad Media	159

Siglo XVI	169
Siglo XVII	173
Siglo XVIII	179
Siglo XIX	183
Siglo XX	193
ANEXO	197
Figuras literarias	199
Tipos de estrofas	204
Bibliografía	211

PRÓLOGO

Cuando leí hace unos años el libro del escritor Raúl Cremades "Nadie olvida a un buen maestro" me llamó la atención cómo grandes personajes de nuestra historia contemporánea reconocían la importancia que en sus carreras profesionales habían tenido aquellos profesores que supieron transmitirles entusiasmo y motivación por la vida intelectual, en definitiva, por la lectura. Este libro me hizo preguntarme sobre quiénes habían influido en mi trayectoria profesional y de qué modo. Recordé entrañables aquellas clases de literatura en que el profesor Antonio Galacho nos hacía leer y comentar textos y conseguía, no solo que los desentrañáramos, sino que confrontáramos ideas y sacáramos lo mejor de nosotros mismos. En plena adolescencia, aquellas clases me cuestionaban, y sin duda, fueron decisivas a la hora de decidirme por estudiar la carrera de filología hispánica. Dos razones me impulsaron. Por un lado, la vocación por la docencia y, por otro, mi amor por la lectura. Sin embargo, esto último estuvo a punto de truncarse a mi llegada a la universidad, ya que muchas clases de literatura no eran más que un dictado de datos biográficos y de descripciones de obras de las que no recuerdo nada. Afortunadamente, el catedrático Cristóbal Cuevas se cruzó en mi camino contagiándome de su entusiasmo y mostrando una manera distinta de entender los textos. Nos enseñó la técnica del comentario y nos dio instrumentos para descifrar hasta los más oscuros poemas gongorinos.

Enseñar literatura pasa por saber disfrutar de ella y saber mostrar a los demás ese entusiasmo. La lectura es un placer que, al mismo tiempo, nos edifica como personas, haciéndonos no solo más humanistas, sino, lo que es más importante, más humanitarios. Fomentar el gusto por la literatura en las generaciones jóvenes debe ser un objetivo fundamental dentro y fuera del aula.

Bienvenido este libro que apuesta por enseñar la historia de nuestra literatura a través de una serie de textos comentados y enmarcados en su contexto histórico. Esto facilitará al alumnado la comprensión lectora y favorecerá la discusión en clase. A vosotros os corresponde guiar los comentarios y hacer que vuestras clases os conviertan en inolvidables profesores.

Susana Guerrero Salazar,
Profesora de lengua de la universidad de Málaga

LA EDAD MEDIA

El contexto histórico

Con la división de Imperio Romano en el año 395 se rompe la unidad del mediterráneo. Este gran imperio quedó dividido en dos: Oriente y Occidente. Ambos seguirán una trayectoria histórica diferente:

El imperio de Oriente mantuvo su esplendor durante muchos siglos, por el contrario Occidente vivió diversas invasiones de pueblos germánicos que lo llevaron a su desaparición en el 476, año en el que podemos decir que comienza la Edad Media.

Esta etapa de la historia durará más de mil años y estará dividida en dos: la Alta Edad Media y la baja Edad Media. La primera de estas etapas tendrá como hechos históricos destacables la creación del Imperio Carolingio en Europa de la mano de Carlomagno y la invasión musulmana en la península Ibérica.

La presencia musulmana en España se alargará hasta finales de la Edad Media.

La Baja Edad Media se caracterizó por una recuperación de Europa a todos los niveles: hubo un resurgimiento del comercio, un desarrollo en las actividades agrícolas y un crecimiento demográfico.

Una característica común a toda la Edad Media es la continua oleada de invasiones que sufrieron los distintos pueblos Europeos, esto, sumado a la debilidad de los reyes medievales, incapaces de garantizar unidad y seguridad entre sus súbditos, llevó a los campesinos a entregar sus tierras a terratenientes a cambio de seguridad; nacía así un sistema político y económico conocido como Feudalismo. Este sistema era muy sencillo; el señor feudal garantizaba protección a sus campesinos a cambio de fidelidad.

Por otro lado, la sociedad medieval estaba organizada en estamentos, a los que se accedía por nacimiento. La clase alta estaba compuesta por los nobles y los clérigos, que tenían poder político y económico; la clase baja la componían campesinos y artesanos, que constituían la mayoría de la población.

El papel de la Iglesia era fundamental. La sociedad feudal era profundamente religiosa (teocentrista); Dios era el centro de todas las cosas, la iglesia gozaba de un gran prestigio y los clérigos formaban un estamento privilegiado. Esto influyó de manera determinante en el universo medieval.

Respecto al arte, dos estilos caracterizaron la Edad Media. En los primeros siglos el Románico, a partir del siglo XII, el Gótico. La mayoría de las edificaciones serán de carácter religioso (iglesias y catedrales) aunque también se construyeron algunas de carácter civil (plazas y mercados).

En este contexto histórico se desarrollará la literatura medieval de la que hablaremos a continuación. Es importante conocer la historia de esta época para poder entender su literatura.

La Literatura Medieval

Con la división del Imperio Romano, su lengua oficial, el latín, entrará en un proceso de descomposición que dará lugar a la formación de distintas lenguas romances; una de ellas será el castellano. La obra *El Cantar de Mío Cid* será el primer ejemplo de literatura en castellano ya que, antes de la aparición de éste, sólo conservamos algunos comentarios en prosa a obras latinas (glosas) y algunas composiciones poéticas en mozárabe (jarchas).

La literatura medieval compartirá una serie de características con la historia:
- —La mezcla de culturas (árabe, judía y cristiana) aparecerá reflejada en los textos.
- —La guerra y el sentimiento religioso tendrán su representación en la literatura.
- —El desarrollo de las lenguas romances debido a la fragmentación del Imperio Romano. El latín, lengua oficial del Imperio, quedó reducido al ámbito eclesiástico.

Dentro de la literatura medieval vamos a estudiar diferentes modalidades, pero todas comparten una serie de características comunes:
- —La transmisión oral: la literatura, en gran parte, se difundía mediante la recitación.
- —La anonimia será una constante en la mayoría de los textos.
- —La finalidad didáctica o moralizante.

El Género Épico

Tiene su origen en la antigua Grecia y, en este tipo de composiciones, se relataban hazañas de héroes conocidos. Estaban en verso para facilitar su memorización en la transmisión oral y tienen las siguientes características:
— Tuvo una difusión oral antes de ser fijada por escrito.
— La mayoría de los cantos épicos eran de carácter anónimo.
— Sus difusores eran los juglares, que recitaban los textos acompañados de instrumentos.
— Los poemas épicos narraban hechos históricos aunque deformando, en alguna medida, la realidad para hacerlos más increíbles.

Son escasos los poemas épicos que conservamos en nuestra literatura; el más importante es *El cantar del Mío Cid,* que comentaremos más adelante.

La lírica popular

En este tipo de composiciones poéticas hay una carga subjetiva a diferencia de la épica. Los autores quieren, a través de estos poemas, expresar sus experiencias o sentimientos. Las características más importantes son:
— El destinatario suele ser alguien concreto: la amada, un amigo...
— Los temas son variados: la naturaleza, el trabajo, cantos fúnebres...
Fue muy frecuente el tema amoroso.
— Este tipo de composiciones presenta una variedad métrica que lo diferencia de los poemas épicos.

No tenemos testimonios escritos de este género lírico pero sabemos que fue una gran influencia para la lírica culta posterior.

La lírica culta

Durante los siglos XII y XIII aparece en Europa una nueva corriente poética que supuso una innovación con respecto a la literatura existente, este tipo de poesía es conocida como lírica trovadoresca y tiene las siguientes características:
— Está escrita en lengua vulgar.
— Tiene autor conocido.
— El tema fundamental de estas composiciones es el amor cortés: el poeta aspira a conseguir el amor de la amada siéndole fiel e incondicional.

El máximo representante de esta lírica en la península Ibérica fue Alfonso X el sabio con sus famosas Cantigas.

El Mester de Clerecía

Desde el siglo XI van apareciendo en Europa dos líneas literarias muy diferenciadas: una profana y otra religiosa. Esta última es llevada a cabo por los clérigos con la intención de educar y adoctrinar. Este tipo de literatura la encuadraríamos dentro de la que podríamos considerar la primera escuela literaria en España: El Mester de Clerecía. Fue durante los siglos XIII y XIV donde más se cultivó y sus principales rasgos temáticos son:
— Tratan temas religiosos como vidas de santos.
— Tienen la finalidad de divertir y enseñar; es una poesía didáctica.
— Están escritos en cuaderna vía, estrofa de cuatro versos de 14 sílabas llamados alejandrinos.

Los ejemplos más representativos de esta literatura los encontramos en Gonzalo de Berceo, con su obra *Milagros de Nuestra Señora* y en Arcipreste de Hita, con *El Libro de Buen Amor*, que comentaremos en el siguiente apartado.

La prosa medieval

La prosa fue un género literario menos trabajado durante la Edad Media y su aparición fue más tardía que la poesía. Son varias las modalidades de prosa medieval:
— Las traducciones: a partir del siglo X se tradujeron obras árabes que contribuyeron a la evolución de la cultura europea.
— El ejemplo: tiene sus raíces en la antigüedad clásica y consiste en una breve historia que podía ser real o imaginaria con una finalidad didáctica o persuasiva. Fue muy utilizada por la iglesia en su misión didáctico-religiosa.
— El cuento: podríamos decir que es la consecuencia o evolución del ejemplo ya que posee una estructura más moderna perdiendo el carácter estático y la finalidad didáctico-moral.
— Es de gran importancia la obra científico-literaria de Alfonso X, el sabio. Éste llevó a cabo en su corte una actividad traductora de tratados en prosa de carácter científico, jurídico o historiográfico.

La poesía de los siglos XIV y XV

Durante estos siglos se siguen manteniendo las características propias de la literatura anterior: la sociedad continúa siendo profundamente religiosa y las obras literarias siguen tendencias moralizantes y didácticas.

En estos siglos habrá dos temas fundamentales que aparecerán en la poesía: la fortuna y la muerte.

La fortuna, de forma arbitraria, rige el destino de los hombres para bien o para mal. La muerte aparece como una gran preocupación medieval; en la poesía está representada por la fugacidad de la vida y el paso del tiempo.

Hay tres autores importantes en esta época: Marqués de Santillana, Juan de Mena y Jorge Manrique. La obra de Jorge Manrique *Coplas a la muerte de su padre* es un claro ejemplo de esta literatura.

El teatro medieval

El género teatral en castellano surge a finales del siglo XII. Al principio, se representaban en las iglesias piezas de tema religioso con una intención didáctica y moralizadora.

De esta época solo se conserva la obra *Auto de los reyes magos*, que está incompleta.

También el teatro siguió una línea profana con representaciones satíricas, farsas y espectáculos de marionetas, de carácter cómico, de los que no se conserva nada hoy en día.

Será a finales del siglo XV cuando aparezca *La Celestina*, obra con la termina la Edad Media y comienza el Renacimiento. Esta obra, dentro del género dramático, es considerada una comedia humanística.

COMENTARIO DE TEXTOS

Texto 1: *El cantar de Mío Cid*

"Descansaba nuestro Cid   y lo hacían las mesnadas.
Al rey que había en Sevilla   un mensaje le llegaba:
Que tomada fue Valencia   sin que pudieran guardarla.
Entonces él acudió   con treinta mil hombres de armas.
Allí cerca de las huertas   tuvieron los dos batallas.
Desbaratolos el Cid,   e de la crecida barba;
Corriendo adentro, hasta Játiva,   la acometida alcanzaba.
Al pasar en río Júcar   ved que reñida batalla;
Y los moros acosados   sin querer beben el agua.
Aquel rey de Sevilla   con tres heridas escapa.
Desde allí se vuelve el Cid   con las riquezas ganadas;
Buen golpe fue el de Valencia   al ser la ciudad tomada;
Mucho más fue, y que se sepa,   provechosa esta batalla:
A cada uno del común   tocan cien marcos de plata.
¡Las nuevas del caballero   ya veis a donde llegaban!

Comentario texto 1: *El Cantar de Mío Cid*

El cantar de Mío Cid es el único poema épico que conservamos casi en su totalidad. Se cree que pudo ser escrito en torno al año 1140 y no se sabe con seguridad quién es el autor. La copia que se conserva es del siglo XIII y está firmada por Per Abbat, que podría ser uno de los posibles autores.

El cantar narra las aventuras del caballero Rodrigo Díaz de Vivar, personaje real que vivió durante los reinados de Sancho II y Alfonso VI. El poema es en gran medida fiel a la historia, a diferencia de otros poemas épicos.

La obra se divide en tres partes:
— Cantar del destierro: El rey destierra al Cid por calumnias. Se dirige hacia Valencia, en el camino adquiere fama y riquezas.
— Cantar de las bodas: El Cid es perdonado por el rey y este intercede para que sus hijas se casen con los infantes de Carrión.
— Cantar de la afrenta de Corpes: Los infantes de Carrión son humillados en el campo de batalla. Estos maltratan a sus esposas para

ofender al Cid. El Cid pide justicia al rey quien le da la oportunidad de vengarse. El Cid derrota a los infantes de Carrión y sus hijas se casan con los infantes de Navarra y Aragón.

Esta división en tres partes se debe a la transmisión oral, es decir, los juglares lo dividieron ya que por su extensión podía resultar aburrido y así a ellos les era más fácil la recitación.

Este fragmento correspondería a la segunda parte de la obra *Cantar de las bodas,* en él vemos claramente la finalidad propia del poema épico: exaltar la figura del héroe, en este caso el Cid campeador. El Cid ha vencido a los musulmanes en Valencia, después de asediar la ciudad durante meses. Este mensaje es recibido por el rey de Sevilla (nombre que recibe el califa de este reino) que se pone en camino con *treinta mil hombres de armas* para enfrentarse al Cid. En *las huertas* tiene lugar la batalla entre moros y cristianos. El Cid gana este enfrentamiento y en el texto se refleja con expresiones como *desbaratolos el Cid* y *sin querer beben el agua*, imagen metafórica que simboliza a los musulmanes ahogados en el río Júcar. La batalla de Valencia no solo supuso fama al Cid, también riqueza, como vemos al final de texto: *desde allí vuelve el Cid con las riquezas ganadas* o *a cada uno del común tocan cien marcos de plata.*

Como ya hemos dicho antes, en el fragmento se aprecia un carácter objetivo dentro de la finalidad épica ya que no se exageran los hechos ocurridos y es fiel a la historia en cuestión.

El ritmo del poema va aligerándose a medida que avanza la lectura ya que con la recitación se pretendía entretener al público: verbos como *acudió, desbaratolos, corriendo…* son muestra de ello.

Desde el punto de vista formal destaca el hipérbaton en algunos versos:

"mucho mas fue y que se sepa provechosa esta batalla"

La utilización de la hipérbole *desbaratolos el Cid* para reflejar cómo fue la victoria y la metáfora *sin querer beben el agua* son algunos de los recursos más destacados en el fragmento; ambos contribuyen a ensalzar la figura del protagonista.

Respecto a la métrica debemos indicar que el fragmento, al igual que todo el poema, está escrito en versos alejandrinos (14 sílabas) divididos en dos hemistiquios separados por cesura (pausa). No hay división entre estrofas y la rima es asonante.

Texto 2: *El Libro de Buen Amor*

"La buhonera con su harnero va tañendo cascabeles,
zarandeando sus joyas, sortijas y alfileres;
decía de sus toallas: ¡compradme esos manteles!
Lo oyó doña Endrina y le dijo: "Entrad, no temáis".
Entró la vieja en la casa y le dijo: "señora hija,
para esa mano bendita tomad esa sortija;
Si vos no me descubrís os contaré una historia
que he pensado esta noche". Poco a poco la incita:
"hija, siempre os estáis en casa encerrada,
envejeceis sola, salid alguna vez
y andad por la plaza; vuestra hermosura celebrada
entre estas paredes no os sirve de nada.
En esta villa vive mucha juventud,
muchachitos apuestos y de mucha gallardía,
en buenas costumbres progresan a diario,
nadie pudo ver jamás tan buena compañía,
todos me reciben muy bien a pesar de mi pobreza;
el mejor, mas noble en linaje y belleza
es don Melón de la huerta, muchachito bondadoso,
supera a todos los demás su hermosura y belleza."

Comentario texto 2: *Libro de Buen Amor*

Aunque conocemos al autor de la obra, es cierto que sabemos poco sobre él. Se llamaba Juan Ruiz, era arcipreste en la localidad de Hita (Guadalajara). Es el poeta más importante del siglo XIV en nuestra literatura.

La obra supuso un gran revuelo en su época por tratar el tema del amor desde dos perspectivas muy distintas: una religiosa y otra profana. Con una intención claramente didáctica trata de enseñarnos, a través de experiencias vividas por él, que debemos alejarnos del *loco amor*, ya que solo trae malas consecuencias, para acercarnos al *buen amor*.

El libro se divide en tres partes:

—El prólogo en prosa, en el que pide a Dios que lo ayude a escribir el libro y nos advierte de los peligros que encierra el amor desordenado.

—Una parte central en la que el autor narra una serie de aventuras amorosas protagonizadas, supuestamente, por él.
—Una parte final en la que intercala poesías líricas y profanas.

El argumento de la obra es muy claro. Se narran las aventuras ficticias del arcipreste en busca de una mujer. Para ello contrata los servicios de Trotaconventos, una vieja chismosa experta en *el arte de amar y de la persuasión,* que lleva recados del arcipreste a las pretendientas con la intención de que éstas caigan en sus manos.

Este fragmento en concreto es muy representativo, ya que vemos claramente como Trotaconventos intenta convencer a Doña Endrina del amor de Don Melón.

Antes de este fragmento, el arcipreste ha pedido a Trotaconventos que interceda entre él y Doña Endrina, pero Don Melón se ha cruzado en el camino y es al final quien la consigue.

Estos versos corresponden a la parte central de la obra. Vemos como la buhonera (trotaconventos) se vale de la venta de manteles para entrar en la casa de Doña Endrina; ahí podemos ver parte de su astucia. Doña Endrina es viuda y vive en su casa recluida guardando el luto. Esto es sabido por Trotaconventos para su plan. Una vez que la vieja está dentro aprovecha para hacer ver a la joven que tiene que pasear su belleza por la villa y debe dejar que se acerquen los jóvenes a ella. Al final Trotaconventos es muy clara y se refiere a Don Melón con expresiones como *"el mejor, más noble en linaje y belleza es Don Melón de la huerta"*.

También podemos entrever en el fragmento cómo el amor carnal se presenta como algo muy apetecible que aleja al hombre del amor de Dios. Trotaconventos representaría precisamente los placeres de la carne que según el arcipreste no nos conducen a nada. Ésa es su experiencia; sólo el amor de Dios lo ha hecho feliz.

Desde un punto de vista formal hemos de señalar la escasez de recursos literarios del fragmento que ayuda a facilitar su comprensión. Esto es algo propio de la poesía didáctica. El léxico que utiliza el autor contribuye a su finalidad siendo claro y preciso. Aunque Arcipreste de Hita es un autor que utiliza la lengua culta, hace que sus personajes se expresen en un habla popular. A través de este lenguaje el autor refleja la sociedad del momento.

Respecto a la métrica, las estrofas, en su mayoría están escritas en cuaderna vía (grupos de cuatro versos alejandrinos). En este fragmento se alterna la rima asonante y la consonante.

Texto 3: *El Conde Lucanor*

De lo que aconteció al que echaron en la isla desnudo cuando le quitaron el señorío que tenía.

Otra vez hablaba en Conde Lucanor con Patronio, y díjole:
– Patronio, muchos me dicen que, pues yo soy tan honrado y tan poderoso, que haga cuanto pudiere por tener riqueza y gran poder y gran honra, y que esto es lo que más me conviene y más me pertenece. Y porque yo sé que siempre me aconsejáis lo mejor y que lo haréis así de aquí en adelante, ruégoos que me aconsejéis lo que viereis que más conviene en esto.
– Señor conde –dijo Patronio– placeríame mucho que supiéseis lo que aconteció a un hombre que le hicieron Señor de una gran tierra.
El conde le preguntó como fuera aquello.
– Señor conde Lucanor –dijo Patronio–, en una tierra que tenían por costumbre que cada año hacían un señor. Y en cuanto duraba aquel año, hacían todas las cosas que él mandaba; y luego que el año era acabado, tomábanle cuanto tenía y desnudábanle y echábanle en una isla solo, que no quedaba con él hombre del mundo.
Y acaeció que tuvo una vez aquel señorío un hombre que fue de mejor entendimiento y mas apercibido que los que lo fueron antes. Y porque sabía que después que el año pasase, que le habían de hacer lo que a los otros, antes que se acabase el año de su señorío mandó, en gran secreto, hacer en aquella isla, donde sabía que lo habían de echar, una morada muy buena y muy perfecta en que puso todas las cosas que eran menester para toda su vida. Cuando el año fue cumplido y los de la tierra le tomaron el señorío y le echaron desnudo en la isla, así como hicieron a los otros que estuvieron antes que él; porque él fuera apercibido y había hecho tal morada en que podía vivir muy regalado y muy a placer de sí, fuese para ella, y vivió en ella muy dichoso.
Y vos, señor conde Lucanor, si queréis ser bien aconsejado, parad mientes en este tiempo que habéis de vivir en este mundo, pues estáis seguro de que le habéis de dejar y que os habéis de salir desnudo de él y no habéis de llevar del mundo sino las obras que hiciéreis, procurad que las hagáis tales, que, cuando de este mundo saliereis, que tengáis hecha tal morada en el otro, que cuando os echaren de este mundo desnudo, que hagáis buena morada para toda vuestra vida.

Y entendiendo Don Juan que este ejemplo era bueno, hízolo escribir en este libro, e hizo estos versos que así dicen:

***Por este mundo perecedero,
no pierdas otro que es duradero.***

Comentario de texto 3: *El Conde Lucanor*

La obra *El Conde Lucanor* fue escrita entre 1325 y 1335 por el Infante Don Juan Manuel, sobrino de Alfonso X, el sabio. La importancia de su linaje le permitió ocupar cargos políticos de relevancia, convirtiéndose en uno de los nobles más influyentes de su tiempo.

Esta obra consta de cinco partes: la primera está compuesta por 50 ejemplos, la segunda, tercera y cuarta por 100 proverbios de contenido moral y la quinta es un tratado sobre la salvación del alma.

Los ejemplos que aparecen en la obra siguen siempre el mismo esquema:

—Introducción del narrador.
—El Conde Lucanor pide consejo a Patronio sobre algún asunto.
—Patronio cuenta una historia para ejemplificar su consejo.
—Al final aparece una moraleja que resume el consejo de Patronio.

Este ejemplo que proponemos es muy característico ya que en él se ven claramente dos aspectos importantes: la intención didáctica y la religiosidad del autor, propias de esta época.

El ejemplo empieza con la introducción del narrador que nos adelanta el argumento o el tema del que trata el ejemplo. A continuación el Conde pide consejo a Patronio. A lo largo del ejemplo se plantea el tema ancestral de la vida y la muerte, de este mundo y el otro. La profunda religiosidad de la época y del autor se ve reflejada en el consejo de Patronio: éste, a través de su consejo alude a ciertos pasajes evangélicos (Mt 6, 19-21, Mc 10, 17-21), en los que se habla de no atesorar riquezas en la tierra sino en el cielo, que es lo que Patronio quiere hacer ver a su Señor. Lo importante no es este mundo sino aquel que nos espera tras la muerte. La forma en que se estructura el ejemplo también nos recuerda a las parábolas que Jesús contaba a sus discípulos; estas enseñanzas bíblicas podrían ser la influencia que tomó Don Juan Manuel para su obra.

Otro tema que aparece reflejado es el de la igualdad de todos los hombres ante la muerte, dice en el ejemplo: *"...pues estáis seguro que le habéis de dejar y que os habéis de salir desnudo de él y no habréis de llevar del mundo sino las obras que hiciéreis..."*.

La condición social o las riquezas no eximen a nadie de la muerte; esto lo deja claro Patronio a su Señor. La moraleja final también es muy clara, en ella se resume perfectamente el contenido del ejemplo.

Desde el punto de vista formal vemos cómo la finalidad didáctica está presente en la escasez de recursos literarios y la utilización de un léxico claro y cercano que ayuda a la comprensión de texto.

Es éste un texto propiamente medieval, en él se ve de forma clara cómo era la moral de la época, cómo la sociedad seguía siendo aún teocentrista y cómo la literatura estaba estrechamente vinculada a la historia.

Texto 4: *Coplas a la muerte de su padre*

> *Nuestras vidas son los ríos*
> *que van a dar en la mar,*
> *que es el morir;*
> *allí van los señoríos derechos a se acabar*
> *y consumir;*
> *allí los ríos caudales,*
> *allí los otros medianos*
> *y más chicos;*
> *allegados son iguales*
> *los que viven por sus manos*
> *y los ricos.*

Comentario texto 4: *Coplas a la muerte de su padre*

Jorge Manrique nació en 1440, fue un hombre de armas que luchó en el bando que apoyó la candidatura de Isabel II como reina de Castilla.

La muerte de su padre le llevó a escribir esta obra compuesta por cuarenta coplas de pie quebrado donde hace una profunda reflexión sobre la vida y la muerte.

La obra se divide en tres partes:

— Coplas I- XIII: Habla sobre la fugacidad de la vida y los bienes materiales.
— Coplas XIV- XXIV: Plantea el tema del paso de la vida a la muerte, el poeta se pregunta dónde están esos importantes nobles y reyes que ya murieron.
— Coplas XXV-XL: Exalta la fama de su padre tras su muerte.

Esta copla que proponemos pertenece al primer bloque. El poeta hace una reflexión metafórica de la vida y la muerte.

El poema comienza con una metáfora muy significativa:

"Nuestras vidas son los ríos que van a dar en la mar"

Aquí Manrique compara la vida con un río y la muerte con el mar. Ésta es una imagen simbólica del paso del tiempo representado por el fluir de las aguas hasta la desembocadura. En la tradición literaria, el río ha simbolizado siempre el paso del tiempo y la fugacidad de la vida, y el mar ha representado la muerte para muchos autores desde la literatura medieval.

La primera parte de la copla es muy clara: plantea el tema del paso del tiempo y de la muerte.

Ya en la segunda parte introduce otro tema del que ya hemos hablado: la igualdad de todos los hombres ante la muerte. Con un lenguaje metafórico hace referencia a los hombres ricos y poderosos y a los pobres, cuando dice *"allí van los ríos caudales, allí los otros medianos y más chicos..."* compara el caudal de los ríos con las riquezas de los hombres. También en los últimos versos hace alusión a eso cuando dice *"los que viven por sus manos y los ricos"*, dando a entender que los ricos no tienen que trabajar para ganarse el jornal, a diferencia de los pobres. Esto estaría relacionado con el tema de la fortuna, que como hemos indicado antes, de forma caprichosa, sonríe a unos y a otros no. Pero deja claro el poeta que la muerte no hace distinciones; él tiene esa experiencia cercana y quiere plasmarla en su poesía.

Respecto a la métrica hay que señalar que se trata de una copla de pie quebrado, compuesta por seis versos de arte menor, con rima asonante y con la siguiente disposición: 8a-8b-4c-8a-8b-4c.

Texto 5: *La Celestina*

CALISTO. *¡Sempronio!*
SEMPRONIO. *¿Señor?*
CALISTO. *Dame acá el laúd.*
SEMPRONIO. *Señor, velo aquí.*
CALISTO. *¿Cuál dolor puede ser tal que se iguale con mi mal?*
SEMPRONIO. *Destemplado está ese laúd.*
CALISTO. *¿Cómo templará el destemplado? ¿cómo sentirá la armonía aquel que consigo está tan discorde; aquel en quien la voluntad a la razón no obedece; quien tiene dentro del pecho aguijones, paz, guerra, tregua, amor, enemistad, injurias, pecados, sospechas, todo por una causa? Pero tañe, y canta la más triste canción que sepas.*

SEMPRONIO. *Mira Nero de Tarpeya*
a Roma cómo se ardía;
gritos dan niños y viejos,
y él nada se dolía.

CALISTO. *Mayor es mi fuego, y menor la piedad de quien ahora digo.*
SEMPRONIO. *(No me engaño yo, que loco está este mi amo).*
CALISTO. *¿Qué estás murmurando, Sempronio?*
SEMPRONIO. *No digo nada.*
CALISTO. *Di lo que dices, no temas.*
SEMPRONIO. *Digo que ¿cómo puede ser mayor el fuego que atormenta un vivo, que el que quemó tal ciudad y tanta multitud de gente?*
CALISTO. *¿Cómo? Yo te lo diré. Mayor es la llama que dura ochenta años que la que en un día pasa; y mayor la que quema un alma que la que quemó cien mil cuerpos. Como de la apariencia a la existencia, como de lo vivo a lo pintado, como de la sombra a lo real, tanta diferencia hay del fuego que dices al que me quema. Por cierto, si el de purgatorio es tal, más querría que mi espíritu fuese con los de los brutos animales, que por medio de aquél ir a la gloria de los santos.*
SEMPRONIO. *(Algo es lo que digo; a más ha de ir este hecho. No basta loco, sino hereje).*
CALISTO. *¿No te digo que hables alto cuando hablares? ¿Qué dices?*
SEMPRONIO. *Digo, que nunca Dios quiera tal; que es especie de herejía lo que ahora dijisteis.*

CALISTO. *¿Porqué?*
SEMPRONIO. *Porque lo que dices contradice la cristiana religión.*
CALISTO. *¿Qué a mi?*
SEMPRONIO. *¿Tú no eres cristiano?*
CALISTO. *¿Yo? Melibeo soy, y a Melibea adoro, y en Melibea creo y a Melibea amo.*

Comentario de texto 5: *La Celestina*

La publicación de *La Celestina* en 1499 supone un antes y un después en la historia de la literatura, ya que pone fin a una etapa y da comienzo a otra muy distinta.

De su autor, Fernado de Rojas, conocemos muy poco. Nació en La puebla de Montalbán (Toledo), en 1470, en el seno de una familia acomodada de judíos conversos. Murió en Talavera de la Reina en 1541.

La Tragicomedia de Calisto y Melibea o *La Celestina* presenta una serie de complicaciones para su representación debido a que no es exactamente una obra teatral, sino una obra dialogada. Su extensión y sus cambios de espacio fueron algunos de los inconvenientes para su representación.

La obra cuenta la historia de amor entre dos jóvenes de la nobleza de la época, Calisto y Melibea. El protagonista, Calisto, aconsejado por su sirviente Sempronio, decide contratar los servicios de una anciana alcahueta llamada Celestina, con la intención de conseguir el amor de Melibea. Calisto le da a Celestina una cadena de oro por su labor, hecho que molesta a los criados del joven, ya que Celestina había acordado con ellos repartir las ganancias. Viendo que Celestina no cumple el trato deciden matarla. Por otro lado, cuando ya se ha producido el encuentro entre Calisto y Melibea, el joven salta un muro y cae al vacío acabando con su vida. Melibea al saber lo ocurrido se suicida tras contárselo todo a su padre Pleberio.

Los personajes de la obra tienen unas características muy significativas:
— Calisto: Joven noble y apuesto que se caracteriza por su inseguridad. Está locamente enamorado de Melibea y esto le lleva a una dependencia total.
— Melibea: Esta bella dama se caracteriza por su individualismo, propio del Renacimiento. Por la pasión que sentirá hacia Calisto será capaz de mentir. Es enérgica y apasionada.

- Celestina: Es el personaje más complejo de la obra. Podría tener su origen en la Trotaconventos, de *El Libro de Buen Amor*. La Celestina es una vieja alcahueta que representa todos los vicios de la sociedad, en ella se ven reflejados la avaricia, la mentira, la falsedad, el cinismo y la ironía.
- Sempronio: Criado de Calisto, es codicioso y egoísta. Actúa de intermediario entre Celestina y su amo.
- Pármeno: Es el otro criado de Calisto. Fiel y honrado cambiará al final cuando Celestina saca lo peor de él.
- Elicia: Joven prostituta que trabaja para Celestina.
- Areúsa: Otra de las prostitutas de Celestina, amante de Pármeno.
- Lucrecia: Criada de Melibea, es un personaje lleno de debilidades.
- Alisa: Madre de Melibea, no se da cuenta de cómo es su hija.
- Pleberio: Padre de Melibea, está muy unido a ella.

Este fragmento que proponemos es un diálogo entre Calisto y su criado Sempronio, en el que el joven habla del amor que siente hacia Melibea. Este amor que siente Calisto, y que vemos claramente en el texto, adelanta temas propios del Renacimiento, como son el goce de los placeres de la carne (amor-pasión) y el antropocentrismo (el hombre como centro de todas las cosas).

En el texto, Calisto pide a Sempronio que toque una canción con el laúd. Éste, haciendo caso a su señor, lo coge y entona una canción que hace referencia al incendio que provocó Nerón en Roma. La letra de esta canción es aprovechada por Calisto para comparar ese fuego con el que él siente en su corazón hacia Melibea. Sempronio, en todo momento, toma por loco a su amo y Calisto sigue con su explicación: *"Mayor es la llama que quema un alma que la que quemó cien mil cuerpos"*, haciendo referencia a las muertes ocasionadas por el incendio de Roma. Estas hipérboles son muy gráficas para explicar lo que el joven siente por Melibea.

A continuación se produce la herejía, como el mismo Sempronio la llama. Es importante destacar cómo esta forma de hablar no era propia de una época teocentrista como esta; aunque bien es cierto que la Edad Media está llegando a su fin y empiezan a calar en la sociedad las ideas del Renacimiento.

Calisto habla en el texto de que prefiere el fuego de su pasión por Melibea a cualquier recompensa celestial: *"si el del purgatorio es tal, más querría que mi espíritu fuese con los de los brutos animales, que por medio de aquel ir a la gloria de los santos"*.

En la conversación que mantienen ambos se ven claramente algunos tópicos propios del amor cortés, como son la dependencia respecto de la dama y la aparición del laúd como instrumento propio del trovador. Es una imagen muy significativa que recuerda a la literatura trovadoresca.

Volviendo al tema de la herejía, el final del fragmento es muy significativo. Sempronio pregunta a Calisto si es cristiano, y éste le responde: *"Melibeo soy, y a Melibea adoro, y en Melibea creo y a Melibea amo"*.

Esta "herejía" es considerada una de las declaraciones de amor más impactantes de la literatura. El amor de Calisto está por encima de cualquier divinidad o religiosidad. Con esta declaración de Calisto se pone punto y final a la Edad Media literaria y se da comienzo al Renacimiento.

Desde el punto de vista formal, vemos cómo Calisto utiliza varias metáforas para explicar el amor que siente hacia Melibea: la identificación de su pasión con el fuego de Roma y la expresión *"Melibeo soy"* son prueba de ello.

TEXTOS MEDIEVALES PARA COMENTAR

Texto 1: *Cantar de Mío Cid*

*"Ya por la ciudad de Burgos   el Cid Ruy Díaz entró,
sesenta pendones lleva   detrás el campeador.
todos salían a verle,   niño, mujer y varón.
A las ventanas de Burgos   mucha gente se asomó.
¡Cuántos ojos que lloraban de grande que era el dolor!
Y de los labios de todos   sale la misma razón:
¡Que buen vasallo sería   si tuviese buen señor!*

*De grado le albergarían,   pero ninguno lo osaba,
que a Ruy Díaz de Vivar   le tiene el rey mucha saña.
La noche pasada a Burgos   llevaron una real carta
con severas prevenciones   y fuertemente sellada,
mandando que a Mío Cid   nadie le diese posada;
Que si alguno se la da,   sepa lo que le esperaba:
sus haberes perdería,   más los ojos de la cara,
y además se perdería salvación de cuerpo y alma.
Gran dolor tienen en Burgos   todas las gentes cristianas,
de Mío Cid se escondían: no pueden decirle nada."*

Texto 2: *Coplas a la muerte de su padre*

*Recuerde el alma dormida
avive el seso y despierte
contemplando
cómo se pasa la vida,
cómo se viene la muerte
tan callando;
cuán presto se va el placer;
cómo, después de acordado,
da dolor;
como a nuestro padecer,
cualquier tiempo pasado
fue mejor.*

Texto 3: *El Conde Lucanor*

De lo que aconteció a una mujer llamada Truana

Otra vez hablaba el conde Lucanor con Patronio de esta manera:
—Patronio, un hombre me dio un consejo y me demostró la manera en que se podía ejecutar. Y bien os digo que tantas clases de provecho hay en él que, si Dios quiere que se haga así como él me dijo, sería mucho mi beneficio; porque son tantas las cosas que nacen las unas de las otras, que al final el resultado es muy grande.

Y le contó Patronio la manera en que se podía ejecutar. Cuando Patronio entendió aquellas explicaciones, le respondió al conde de esta forma:
—Señor conde Lucanor, siempre oí decir que era buen juicio que el hombre se atuviese a las cosas seguras y no a las esperanzas vanas, pues muchas veces a los que se atienen a las esperanzas vanas, les acontece lo que le aconteció a Doña Truana.

Y el conde preguntó cómo había sido aquello:
—Señor conde —dijo Patronio— hubo una mujer llamada Doña Truana, y era mucho más pobre que rica; y un día iba al mercado y llevaba una olla de miel en la cabeza. Y yendo por el camino, comenzó a pensar que vendería aquella olla de miel y que compraría una partida de huevos, y de aquellos huevos nacerían gallinas, y después con aquellos dineros que valdrían, compraría ovejas, y así fue comprando de las ganancias que haría, hasta que se halló más rica que ninguna de sus vecinas.

Y con aquella riqueza que ella pensaba que tenía, calculó cómo casaría a sus hijos y a sus hijas, y cómo iría acompañadas por la calle con yernos y con nueras, y cómo comentarían su buena ventura por llegar a tan gran riqueza, siendo tan pobre como solía ser.

Y pensando en esto comenzó a reír con el gran placer que tenía con su buena suerte, y al reír se dio con la mano en la frente, y entonces se cayó la olla de miel al suelo y se quebró. Cuando vio la olla quebrada, comenzó a hacer muy gran duelo, pensando que había perdido todo lo que había imaginado si la olla no se hubiese quebrado. Y porque puso todo su pensamiento en una esperanza vana, no se hizo al fin nada de lo que ella había imaginado.

Y vos, señor conde, si queréis que lo que os dijeron y lo que vos imagináis sea todo cosa cierta, creed e imaginad siempre cosas tales que sean sensatas, y no esperanzas dudosas y vanas. Y si las queréis probar, no aventuréis ni pongáis nada de lo vuestro en lo que no estáis seguro, por la esperanza de un beneficio.

Al conde le agradó lo que Patronio le dijo, y lo hizo así y le fue bien.

Y porque a don Jonán le gustó este ejemplo, lo hizo poner en este libro e hizo estos versos que dicen así:

"A las cosas ciertas os encomendad, y las esperanzas vanas dejad"

Texto 4: *La Celestina*

CELESTINA. *Tu temor, señora, tiene ocupada mi disculpa. Mi inocencia me da osadía, tu presencia me turba en verla airada, y lo que más siento y me pena es recibir enojo sin razón ninguna. Por Dios, señora, que me dejes concluir mi dicho, que ni él (Calisto) quedará culpado ni yo condenada, y verás cómo es todo más servicio de Dios, que pasos deshonestos, más para dar salud al enfermo, que para dañar la fama al médico. Si pensara, señora, que tan de ligero habías de conjeturar de lo pasado nocibles sospechas, no bastara tu licencia para me dar osadía a hablar en cosa que a Calisto ni a otro hombre tocase.*

MELIBEA. *¡Jesú! No oiga yo mentar más ese loco, saltaparedes, fantasma de noche, luengo como cigüeña, figura de paramento malpintado; si no, aquí me caeré muerta. Este es el que el otro día me vido y comenzó a desvariar conmigo en razones, haciendo mucho del galán. Dírasle, buena vieja, que, si pensó que ya era todo suyo y quedaba por él el campo, porque holgué más de consentir sus necedades, que castigar su yerro, quise más dejarle por loco, que publicar su grande atrevimiento.*

EL RENACIMIENTO (S. XVI)

El contexto histórico

En 1492 se produce un hecho insólito: el descubrimiento del nuevo mundo. Esto marcará un antes y un después en la historia de la humanidad. La concepción del mundo y el concepto de espacio, que tenía el hombre medieval, cambiará por completo.

Con el descubrimiento de América comienza la Edad Moderna, que en España coincidirá con el reinado de los reyes católicos, Isabel I de Castilla y Fernando II de Aragón. Con estos monarcas comienza un nuevo sistema de gobierno que empezará a extenderse por Europa y que nada tiene que ver con los regímenes medievales: La monarquía autoritaria. Si algo distingue a los monarcas medievales de los del siglo XVI es precisamente la debilidad de los primeros frente a la autoridad de los últimos. Reyes como Carlos I o Felipe II son un claro ejemplo de ello, ya que llevaron a España a ser uno de los imperios más importantes de la historia.

Uno de los hechos históricos más importantes de la época fue sin duda la reforma protestante llevada a cabo por Martín Lutero. Este fraile se separó de la autoridad del Papa de Roma y empezó a difundir sus ideas por Europa con el fin de renovar la Iglesia. Mientras que en Alemania se extendían las tesis de Lutero, en Suiza, triunfaban las de Calvino, también protestante. La iglesia católica, en su intento por frenar el avance protestante, llevó a cabo la contrarreforma, que se concretó en el Concilio de Trento (1545- 1563).

Años antes, empieza a nacer en Florencia (Italia) un movimiento cultural que se extenderá rápidamente por toda Europa: El Renacimiento. Este movimiento tiene su origen en el siglo XV, gracias, en parte, a la influencia del Humanismo. Esta filosofía tuvo una espléndida realización en la literatura, ya que pretendía redescubrir al ser humano mediante el conocimiento de los textos grecolatinos. Con el Humanismo se tomó conciencia del paso del tiempo y se fue construyendo un nuevo concepto de hombre, que fue ocupando el lugar que Dios ocupó en la Edad Media. Por eso decimos que con la Edad Moderna y con el Renacimiento llega una etapa conocida como Antropocentrismo, corriente filosófica que considera al ser humano como centro de todas las cosas.

Este nuevo hombre humanista debía ser un hombre instruido y ducho en el manejo de las armas, ideal basado en las virtudes de los altos dignatarios romanos. Uno de los humanistas más importantes de la época fue Erasmo de Rótterdam, que trató de unir la cultura clásica con el cristianismo.

Toda esta filosofía humanista supuso un cambio de mentalidad con respecto a la época anterior; ahora el ser humano empieza a disfrutar de los placeres que el mundo le ofrece, olvidando al hombre "gris" de la Edad Media.

Este cambio de mentalidad favoreció el desarrollo del Renacimiento, ya que el humanismo sirvió de base para el nacimiento de este movimiento artístico.

El Renacimiento se desarrolló a lo largo de dos etapas: el Quattrocento (siglo XV) y Cinquecento (siglo XVI). En ambas tuvo espléndidas realizaciones en la arquitectura, escultura, pintura y, por supuesto, en la literatura.

Fue ésta también una era de avances científicos; es destacable la labor de Copérnico y Kepler. Considerados como los padres de la astronomía moderna.

En este contexto histórico se va a desarrollar una de las etapas más fructíferas de la literatura y uno de los movimientos culturales más importantes en la historia de la humanidad.

La literatura Renacentista

Fue fundamental para el desarrollo de este movimiento la influencia de Petrarca; poeta italiano del siglo XIV. Gracias a la aportación de su Cazoniere (conjunto de poemas de temática amorosa) y del soneto (14 versos divididos en dos cuartetos y dos tercetos), muchos poetas lo tomaron como modelo a seguir.

Como ya explicábamos antes, el cambio de mentalidad que se produce en esta época se verá reflejado claramente en la literatura. El *"carpe diem"*, tópico renacentista que significa "disfruta el momento" será una máxima a seguir por la sociedad del momento.

En la línea de este tópico y del antropocentrismo imperante se desarrollará la lírica amorosa llevada a cabo por Garcilaso de la Vega.

La lírica también siguió una línea religiosa con san Juan de la Cruz y Fray Luis de León.

Por último, también hubo realizaciones en prosa, como la obra anónima *Lazarillo de Tormes*.

La lírica amorosa

Este tipo de poesía viene representada por la figura de Garcilaso de la Vega. En su obra se ven los siguientes temas:
— La naturaleza como lugar idílico, representado por el tópico *"locus amoenus"*.
— La búsqueda del placer a través de los sentidos, los sentimientos y la inteligencia.
— La mitología, propia del mundo clásico, también estará presente en su poesía.
— Profunda admiración por el mundo clásico.
— La muerte de su amada, Isabel Freyre, tendrá magníficas realizaciones poéticas.

Garcilaso no llena su obra de recursos innecesarios, su obra es equilibrada y serena.

La lírica religiosa

La línea que siguió la poesía amorosa hizo que se separara de la religiosa, algo que no ocurrió en la Edad Media.

Los poetas que cultivaron este género no se separaron de las tendencias de la época para dedicar sus versos, llenos de espiritualidad, a Dios.

Fray Luis de León recibió una gran influencia del poeta Horacio y en su obra se ve representado el tópico clásico del *"beatus ille"*, que defiende la vida retirada frente a la vida en la urbe llena de peligros. Este poeta reflejó su deseo de huir "del mundanal ruido" para llegar a Dios.

San Juan de la Cruz centró su obra en explicar la unión mística del alma con Dios. Sus poemas son verdaderas composiciones amorosas entre Dios y el hombre, que tienen su influencia en el *Cantar de los cantares* bíblico.

La prosa Renacentista

Durante el siglo XVI se produce un resurgir de la prosa con diferentes modalidades:
— Se publican tratados.
— El diálogo será utilizado para difundir ideas.
— Los cuentos contaron con gran aceptación entre el gran público.

Pero el género en prosa que alcanza mayor importancia será la novela, que presenta una serie de variedades:
— Novela de caballerías.
— Novela morisca.
— Novela pastoril.
— Novela bizantina.
— Novela picaresca.

La obra *Lazarillo de Tormes* es considerada la precursora de esta última.

COMENTARIO DE TEXTOS

Texto 1: *Soneto V de Garcilaso de la Vega*

Escrito está en mi alma vuestro gesto
y cuanto yo escribir de vos deseo:
vos sola lo escribistes; yo lo leo
tan solo, que aun de vos me guardo en esto.
En esto estoy y estaré siempre puesto,
que aunque no cabe en mi cuanto en vos veo,
de tanto bien lo que no entiendo creo,
tomando ya la fe por presupuesto.
yo no nací sino para quereros;
mi alma os ha cortado a su medida;
por hábito del alma misma os quiero;
cuanto tengo confieso yo deberos;
por vos nací, por vos tengo la vida,
por vos he de morir, y por vos muero.

Comentario texto 1: *Soneto V de Garcilaso de la Vega*

Garcilaso de la Vega nació en Toledo en 1501. De familia noble se crió en la corte de rey Carlos I. Fue un hombre de letras y de armas combatiendo en alguna que otra guerra. Se enamoró locamente de una dama portuguesa llamada Isabel Freire, a la que dedicó algunos de sus poemas. Murió en Le Muy (Francia) en 1536.

En este poema Garcilaso recoge toda la influencia renacentista, empezando por el soneto. La temática es el amor que el poeta manifiesta a su amada. Este amor está por encima de cualquier divinidad, es lo único que da sentido a su vida. La manifestación del amor lo hace a través de una sucesión de metáforas. El poeta hace referencia a su alma en tres ocasiones; esto le da al amor una idea de trascendencia, un amor que va más allá de la muerte:

" *Escrito está en mí alma vuestro gesto*"

" *mi alma os ha cortado a su medida*"

" *por hábito del alma misma os quiero*"

A través de estas metáforas el poeta nos cuenta que quiere vestir su alma de ella, para que ambos sean uno solo.

Después dirá Garcilaso:

> *"vos sola lo escribistes; yo lo leo*
> *tan solo, que aun de vos me guardo en esto."*

Aquí el poeta atribuye la creación de este poema a su amada, quitándose el mérito de haberlo escrito él; con solo contemplar a su amada, las palabras salen solas. El sólo lee lo que ella le ha inspirado…

En el segundo cuarteto hay una hipérbole muy significativa:

> *"Aunque no cabe en mí cuanto en vos veo"*

Con esta exageración el poeta quiere explicarnos cómo es el amor que siente, algo que no abarcan sus sentidos.

El poema estaría en la línea profana del renacimiento cuando el poeta manifiesta en el último terceto que es ella la que da sentido a su vida, negando, de alguna manera, el papel de Dios en la vida del hombre. En esta última parte del soneto Garcilaso es muy claro:

> *"por vos nací, por vos tengo la vida,*
> *por vos he de morir y por vos muero"*

Respecto a la métrica, ya hemos comentado que se trata de un soneto, compuesto por dos cuartetos y dos tercetos. Los versos son endecasílabos y la rima es consonante.

Texto 2: *Noche oscura de San Juan de la Cruz*

> *En una noche oscura,*
> *con ansias en amores inflamada,*
> *¡oh dichosa ventura!*
> *salí sin ser notada,*
> *estando ya mi casa sosegada.*

A oscuras y segura,
por la secreta escala disfrazada,
¡oh dichosa ventura!
a oscuras y encelada,
estando ya mi casa sosegada.

En la noche dichosa,
en secreto que nadie me veía,
ni yo miraba cosa,
sin otra luz y guía,
sino la que en el corazón ardía.

Aquesta me guiaba
más cierto que la luz del mediodía,
adonde me esperaba
quien yo bien me sabía,
en parte donde nadie parecía.

¡oh noche que guiaste!
¡oh noche amable más que la alborada!
¡oh noche que juntaste
amado con amada,
amada en el amado transformada!

En mi pecho florido,
que entero para él solo se guardaba,
allí quedó dormido
y yo le regalaba,
y el ventalle de cedros aire daba.

El aire de la almena,
cuando yo sus cabellos esparcía,
con su mano serena
en mi cuello hería,
y todos mis sentidos suspendia.

Quedeme y olvideme,
el rostro recliné sobre el amado;
cesó todo y dejeme,
dejando mi cuidado
entre las azucenas olvidado.

Comentario texto 2: *Noche oscura de San Juan de la Cruz*

San Juan de la Cruz nace en Fontiveros (Ávila) en 1542. Estudió con los jesuitas en Medina del Campo. En 1567 se ordena sacerdote. Pasó por prisión por intentar reformar la orden carmelita. Murió en 1591 a los 49 años.

Tenemos en este poema de San Juan de la Cruz un claro ejemplo de poesía mística Renacentista. El poeta nos habla de cómo ha sido su encuentro con Dios, que según él, es como el de dos amantes en la noche.

La imagen que nos muestra el poeta es sorprendente: en la línea de la lírica amorosa, el poema habla del amor entre Dios y el hombre. La carne pasa a un segundo plano; el poeta nos relata el encuentro que tienen en la noche dos enamorados: Dios y él.

Pero antes del encuentro, el poeta ha tenido que pasar por dificultades: la noche, símbolo de la muerte, está presente en el poema, primero como un obstáculo y luego como testigo del amor. Para llegar a Dios hay que atravesar la noche, el sufrimiento, la muerte… Esto recuerda al paso por la muerte del propio Jesucristo para experimentar la resurrección.

Pero ahora es el momento propicio para el encuentro, en medio de la noche, porque ya está "*mi casa sosegada*", dice el poeta. La *casa sosegada* es signo del alma tranquila, en paz, libre de todo aquello que pueda apartarlo de Dios.

El poeta nos cuenta cómo busca a su amado en una escena propia de dos jóvenes amantes: de noche, en secreto… guiado por la luz de su corazón.

En la quinta estrofa, la noche se nos presenta como personaje: ¡*oh noche que juntaste amado con amada*! En la oscuridad se produce el encuentro, muestra de la intimidad que el poeta alcanza con Dios. Esta intimidad se ve también cuando dice "*en secreto que nadie me veía*".

A partir de la sexta estrofa ya se ha producido la unión, en una imagen muy gráfica: el amado posado sobre el pecho de la amada. El tópico clásico del *locus amoenus* aparece reflejado en estos versos con alusiones propias de la poesía bucólica: "*pecho florido*", "*el ventalle de los cedros aire daba*", "*entre las azucenas olvidado*"….

Por otro lado, una vez que se produce el encuentro entre los amantes, el poeta quiere quedarse con él para siempre, no cambia este amor por nada. El amor de Dios es eterno e incondicional, como dice San Pablo en su carta a los corintios (1ºCorintios 13, 1-13). Este amor es el que quiere San Juan para él, un amor que no pasa nunca, que crece con el tiempo; un amor gratis, que no espera nada cuando lo da todo. Por eso dice en la última estrofa:

> *"Quedéme y olvidéme,*
> *el rostro recliné sobre el amado,*
> *cesó todo y dejéme,*
> *dejando mi cuidado*
> *entre las azucenas olvidado."*

El encuentro ha sido satisfactorio hasta el punto que el poeta quiere quedarse eternamente sobre su amado. A través de estos versos el poeta quiere invitarnos a buscar este amor, un amor que no nos defraudará.

Respecto a los recursos utilizados en el poema es muy significativo el propio título que se repite en varias ocasiones: *Noche oscura*. Con este pleonasmo el autor quiere hacer hincapié en la oscuridad de la noche; la noche es más oscura que de costumbre; es una noche especial donde se va a producir un encuentro que nadie puede ver; solo la noche va a se testigo de ello.

Hay otros recursos que ayudan a embellecer el poema:
— Aliteración: *"con ansias en amores inflamada"* o *"a oscuras y segura por la secreta escala disfrazada"*.
— Personificación: ¡*oh noche que guíaste!*
— Antítesis : ¡*oh **noche** amable más que la **alborada***".
— Metáforas: el pecho de la amada es *"florido"* mientras que el cuerpo del amado es *"azucenas"*, identificación con la naturaleza, propia del Renacimiento.

Terminamos el comentario diciendo que el poema está compuesto por 8 liras, estrofa de cinco versos con el siguiente esquema métrico: 7a- 11B-7a-7b-11B. La rima es consonante.

Texto 3: *Lazarillo de Tormes*

"Usaba poner cabe sí un jarrillo de vino, cuando comíamos; y yo muy de presto le asía y daba un par de besos callados y tornábale a su lugar. Más duróme poco, que en los tragos conocía la falta, y por reservar su vino a salvo nunca después desamparaba el jarro, antes lo tenía por el asa asido. Mas no había piedra imán que así atrajese a sí como yo con una paja larga

de centeno, que para aquel menester tenía hecha, la cual, metiéndola en la boca del jarro, chupado el vino lo dejaba a buenas noches. Mas, como fuese el traidor tan astuto, pienso que me sintió, y dende en adelante mudó propósito y asentaba su jarro entre las piernas y atapábale con la mano, y así bebía seguro.

Yo, como estaba hecho al vino, moría por él, y viendo que aquel remedio de la paja no me aprovechaba ni valía, acordé, en el suelo del jarro hacerle una fuentecilla y agujero sotil, y delicada mente, con una muy delgada tortilla calentarme en la pobrecilla lumbre que teníamos, y al calor Della, luego derretida la cera, por ser muy poca, comenzaba la fuentecilla a destilarme en la boca, la cual yo de tal manera ponía que maldita la gota que perdía.

Cuando el pobreto iba a beber, no hallaba nada.

Espantábase, maldecíase, daba al diablo el jarro y el vino, no sabiendo qué podía ser.

–No diréis, tío, que os lo bebo yo –decía–, pues no le quitáis de la mano.

Tantas vueltas y tientos dió al jarro, que halló la fuente y cayó en la burla; mas así lo disimuló como si no lo hubiera sentido.

Y luego, otro día, teniendo yo rezumando mi jarro como solía, no pensando el daño que me estaba aparejado ni que el mal ciego me sentía, sentéme como solía; estando recibiendo aquellos dulces tragos, mi cara puesta hacia el cielo, un poco cerrados los ojos por mejor gustar el sabroso licor, sintió el desesperado ciego que agora tenía tiempo de tomar de mí venganza, y con toda su fuerza, alzando con dos manos aquel dulce y amargo jarro, le dejó caer sobre mi boca, ayudándose, como digo, con todo su poder, de manera que el pobre Lázaro, que de nada desto se guardaba, antes, como otras veces, estaba descuidado y gozoso, verdaderamente me pareció que el cielo, con todo lo que en él hay, me había caído encima.

Fue tal el golpecillo que me desatinó y sacó el sentido, y el jarrazo tan grande, que los pedazos dél se me metieron por la cara, rompiéndomela por muchas partes, y me quebró los dientes sin los cuales hasta hoy me quedé. Desde aquella hora quise mal al mal ciego, y, aunque me quería y regalaba y me curaba, bien ví que se había holgado del cruel castigo. Lavóme con vino las roturas que con los pedazos del jarro me había hecho, y, sonriéndose decía:

–¿Qué te parece, Lázaro? Lo que te enfermó te sana y da salud.

Comentario texto 3: *Lazarillo de Tormes*

Estamos ante un fragmento del tratado I de la obra *Lazarillo de Tormes*. Es esta una obra anónima del siglo XVI que encuadramos dentro de la novela picaresca. No se sabe con exactitud cuándo se escribió pero se cree que fue en torno a 1550 aproximadamente. Para muchos filólogos se trata del primer ejemplo de novela moderna en castellano.

Esta obra nos descubre un mundo hasta entonces desconocido en la literatura: el mundo de los mendigos frente a la nobleza y las clases altas. Esta dualidad es muy característica del Renacimiento: el lujo de la corte frente al mundo de los indigentes.

Lázaro encarna a un pícaro que va pasando por las manos de distintos amos, a lo largo de los siete tratados en los que se divide la obra, para ganarse la vida. Se reflejan en él aspectos como la picardía, la astucia, la mentira… todo con la intención de sobrevivir.

Este pasaje es característico porque en él se ve cómo se las ingenia Lázaro para obtener lo que se propone. En esta parte de la novela, el protagonista, está sirviendo a un ciego, y se cuenta en el fragmento cómo hace Lázaro para conseguir el vino que el ciego custodia. En un momento del texto, Lázaro reconoce que está *hecho al vino*; con esta expresión se dibuja a un personaje trasnochado, tabernero, a pesar de su juventud. El vino, tal y como se explica en la obra y en el texto en concreto, va unido a las clases bajas de la sociedad, Si por algo se caracteriza esta novela es por el realismo. En esta obra se adelantan aspectos de lo que será la posterior novela realista del siglo XIX.

El realismo de la obra se ve reflejado de modo contundente en el fragmento que proponemos a través del lenguaje que se emplea:

"fue tal el golpecillo que me desatinó y sacó de sentido…"

El léxico utilizado por el protagonista es el propio de hablas populares, esto carga aun más de realismo a la novela.

Hay un aspecto paradójico en el contenido del fragmento, que el mismo ciego indica al final: el vino, causa del mal de Lázaro, se convierte en su curación. Como hemos dicho antes, el vino es un elemento que está presente a lo largo del fragmento como parte de un submundo en el que es imprescindible.

Hay también en la obra y en el fragmento aspectos cómicos que provocan una sonrisa en el lector. En este texto se ve a través de la siguiente hipérbole:

" ...que los pedazos dél se me metieron por la cara, rompiéndomela por muchas partes, y me quebró los dientes sin los cuales hasta hoy me quedé."

Lázaro es muy gráfico contando las cosas y esto hace que muchos pasajes de la obra resulten divertidos.

Entre el duro realismo y el humor se suceden las aventuras y peripecias de Lázaro en esta novela, considerada una de las joyas de nuestra literatura.

TEXTOS RENACENTISTAS PARA COMENTAR

Texto 1: *Égloga de Garcilaso de la Vega*

NEMOROSO. *Corriente aguas, puras, cristalinas.*
Árboles que os estáis mirando en ellas,
verde prado de fresca sombra lleno,
aves que aquí sembráis vuestras querellas,
hiedra que por los árboles caminas,
torciendo el paso por su verde seno;
Yo me vi tan ajeno
del grave mal que siento,
que de puro contento
con vuestra soledad me recreaba,
donde con dulce sueño reposaba,
o con el pensamiento discurría
por donde no hallaba
sino memorias llenas de alegría;
Y en este mismo valle, donde agora
me entristezco y me canso en el reposo,
estuve ya contento y descandado.
¡oh bien caduco, vano y presuroso!
acuérdome, durmiendo aquí algún hora,
que, despertando, a Elisa vi a mi lado.
¡oh miserable hado!
¡oh tela delicada,
antes de tiempo dada
a los agudos filos de la muerte!

Texto 2: *Fray Luis de León*

¡Que descansada vida
la del que huye del mundanal ruido,
y sigue la escondida
senda por donde han ido
los pocos sabios que en el mundo han sido;

*que no le enturbia el pecho
de los soberbios grandes el estado,
ni del dorado techo se admira, fabricado
del sabio moro, en jaspes sustentado!*

*Despiértenme las aves
con su cantar sabroso no aprendido;
no los cuidados graves,
de que es siempre seguido
el que al ajeno arbitrio está atenido.*

*Vivir quiero conmigo,
gozar quiero del bien que debo al cielo,
a solas, sin testigo,
libre de amor, de celo,
de odio, de esperanzas, de recelo.*

*Del monte en la ladera,
por mi mano plantado tengo un huerto,
que con la primavera
de bella flor cubierto,
ya muestra en esperanza fruto cierto;*

*Y, como codiciosa
por ver y acrecentar su hermosura,
desde la cumbre airosa
una fontana pura
hasta llegar corriendo se apresura;*

*Y luego, sosegada,
el paso entre los árboles torciendo,
el suelo de pasada,
de verdura vistiendo,
y con diversas flores va esparciendo.*

*El aire el huerto orea
y ofrece mil olores al sentido;
los árboles menea
con un manso ruido
que del oro y del centro pone olvido.*

Texto 3: *Fernando de Herrera*

*Yo vi unos bellos ojos, que hirieron
con dulce flecha un corazón cuitado,
y que para encender nuevo cuidado
su fuerza toda contra mí pusieron.*

*Yo vi que muchas veces prometieron
remedio al mal, que sufro no cansado,
y que cuando esperé vello acabado,
poco mis esperanzas me valieron.*

*Yo veo que se asconden ya mis ojos
y crece mi dolor y llevo ausente
en el rendido pecho el golpe fiero.*

*Yo veo ya perderse los despojos
y la membrana de mi bien presente
y en ciego engaño de esperanza muero.*

EL BARROCO (S. XVII)

El contexto histórico

Durante el siglo XVII los monarcas Europeos aumentaron su poder con respecto al siglo anterior. El absolutismo será la forma de gobierno de los reyes de esta época, que concentraron todos los poderes en sus manos.

Luis XIV en Francia será el monarca absoluto más representativo de esta época. Este sistema absolutista será la última forma de gobierno del llamado antiguo régimen (organización política, económica y social vigente desde el Renacimiento hasta la revolución Francesa).

En España, durante este siglo, se sucedieron los reinados de Felipe III, Felipe IV y Carlos II. Estos transformaron la monarquía autoritaria en absoluta a pesar de manifestar cierta debilidad en sus mandatos, ya que delegaron el poder en sus validos.

Si algo caracterizó a la España del Barroco fue, sin duda, los problemas económicos y demográficos: las guerras y las epidemias fueron algunas de las causas de ello. Este fue el principio del fin del imperio hispánico.

Todo esto se vio reflejado en una sociedad que se caracterizó por el pesimismo y la visión negativa de la vida. El famoso *"carpe diem"* Renacentista ha tornado en este siglo a desengaño e inseguridad. El hombre de este siglo vive en una dualidad interior: por un lado la concepción renacentista de la vida basada en el goce de los placeres y por otro, la búsqueda del equilibrio espiritual.

La sociedad seguía dividida en estamentos: los nobles y el clero eran la clase privilegiada y los campesinos y la burguesía los no privilegiados. Bien es cierto, que estos últimos se dedicaron a las finanzas y al comercio y llegaron a enriquecerse y a disfrutar de una vida acomodada.

Por otro lado, en el siglo XVII se produjo una revolución científica sin precedentes: Bacon, Kepler, Newton o Galileo serán algunos de los científicos que contribuyeron al desarrollo de las ciencias.

Pero, sin duda, fue en lo artístico donde el Barroco llegó a su máxima expresión. Este nuevo estilo tiene una característica fundamental: la complejidad, que se ve representada por la suntuosidad de las creaciones. Los monarcas absolutos mandaron construir suntuosos palacios como símbolo de su poder. La iglesia, por otro lado, seguirá esta línea en la construcción de iglesias y catedrales para reafirmar su poder frente al protestantismo.

En la pintura, destacan Rembrandt y Caravaggio, en Bélgica e Italia, respectivamente, y Velázquez, en España.

La literatura Barroca

Decimos que el barroco literario comienza con la publicación de *El Quijote* en 1605 por Miguel de Cervantes. Este será el punto de partida de un siglo en el que impera la lírica por encima de la prosa y del drama.

La literatura de este siglo va a ser un fiel reflejo de la sociedad y de la mentalidad de la época. Este pesimismo y desengaño del que hemos hablado va a tener su expresión en los textos. La mayor parte de los escritores de esta época encontraron en la poesía el mejor vehículo para expresar sus sentimientos. Las características más significativas de este movimiento son:

— La complejidad: como en la arquitectura y en la pintura, la literatura barroca utiliza formas de expresión rebuscadas que dificultan la comprensión. Esto hizo que la literatura estuviera destinada a unos pocos; era una literatura de minorías.
— Los contrastes: se mezclan cosas dispares con la intención de buscar contrastes: la belleza y la fealdad, el amor y el odio…
— Abundancia de recursos literarios: la complejidad viene desempeñada por el abuso de recursos que sobrecargan las creaciones literarias.
— Alusiones mitológicas: son muy frecuentes en esta literatura. También contribuyen a la complejidad.

Lírica barroca

A pesar de mantener una serie de características comunes, la literatura barroca siguió dos líneas o dos estilos distintos:
— Culteranismo: trabaja más la forma que el contenido. Busca la belleza formal por encima de todo. Su máximo representante fue Luis de Góngora.

— Conceptismo: acumula gran cantidad de conceptos, dando prioridad al contenido. Su representante más importante fue Francisco de Quevedo. Ambos estilos se caracterizan por su complejidad y la dificultad en su comprensión.

Durante el siglo XVII la poesía alcanzó un gran éxito no solo en España; en Inglaterra, por ejemplo, William Shakespeare llevó el soneto a su máxima perfección.

El teatro barroco

Sin duda fue el teatro el género literario preferido por la sociedad barroca. Las compañías teatrales aumentaron y se construyeron lugares específicos para la representación de obras. Estos lugares se conocían como corrales de comedias; la comedia fue el subgénero teatral que más éxito tuvo. En una sociedad donde imperaba el pesimismo y el desengaño, el teatro se convirtió en medio de evasión; la sociedad barroca encontró en el teatro un lugar donde olvidar sus problemas por un momento.

En España, Lope de Vega será el renovador del nuevo teatro y una de las máximas figuras. Éstas fueron algunas de sus innovaciones más importantes:

— Rompió con las reglas de las tres unidades (lugar, acción y tiempo). Esto dio mayor libertad a la obra literaria.
— Mezcló lo trágico y lo cómico.
— Estructuró la obra en tres actos, en lugar de cinco.
— Mezcló distintos tipos de versos y estrofas.
— Los temas más importantes serán el amor y la honra.
— Hay una gran variedad de personajes que rompe con los arquetipos de siglos pasados.
— Adecuó la lengua al tipo de personaje en cuestión. Cada cual habla según su condición social.

En España habrá tres figuras importantes que hicieron del teatro el género del siglo XVII: Lope de Vega, Tirso de Molina y Calderón de la Barca.

Pero el teatro no solo triunfó en España, en toda Europa gozó de gran esplendor. En Inglaterra destaca la figura de Shakespeare, considerado el mejor dramaturgo de todos los tiempos. Obras como *Romeo y Julieta*, *Hamlet* o *Macbeth* son prueba de ello.

En Francia destaca la figura de Moliere, que criticó en sus obras todos los defectos del ser humano. Destacan en su producción *Tartufo* o *El avaro*.

La prosa barroca

La prosa del barroco halló su máxima expresión en la figura de Miguel de Cervantes con su obra *El Quijote* y sus *Novelas Ejemplares*.

La novela picaresca que inició su andadura con Lazarillo de Tormes alcanzó un notable auge en este siglo y sirvió como medio para denunciar distintas injusticias sociales. Destacaron dentro de este género *El Guzmán de Alfarache* de Mateo Alemán y *El Buscón* de Quevedo.

COMENTARIO DE TEXTOS

Texto 1: *El Quijote*

"Ítem, suplico a los dichos señores mis albaceas que si la buena suerte les trajere a conocer al autor que dicen que compuso una historia que anda por ahí con el título de Segunda parte de las hazañas de Don Quijote de la Mancha, de mi parte le pidan, cuan encarecidamente ser pueda, perdone la ocasión que sin yo pensarlo le di de haber escrito tantos y tan grandes disparates como en ella escribe, porque parto desta vida con escrúpulo de haberle dado motivo para escribirlos."

Cerró con esto el testamento, y, tomándole un desmayo, se tendió de largo a largo en la cama. Alborotáronse todos y acudieron a su remedio, y en tres que vivió después deste donde hizo el testamento, se desmayaba muy a menudo. Andaba la casa alborotada; pero, con todo, comía la sobrina, brincaba el ama, y se regocijaba Sancho Panza; que esto del heredar algo borra o templa en el heredero la memoria de la pena que es razón que deje el muerto.

En fin, llegó el último día de Don Quijote, después de recebidos todos los sacramentos, y después de haber abominado con muchas y eficaces razones de los libros de caballería. Hallose el escribano presente, y dijo que nunca había leído en ningún libro de caballerías que algún caballero andante hubiese muerto en su lecho tan sosegadamente y tan cristiano como Don Quijote; el cual, entre composiciones y lágrimas de los que allí se hallaron, dio su espíritu: quiero decir que se murió.

Comentario de texto 2: *El Quijote*

Miguel de Cervantes Saavedra nació en Alcalá de Henares en 1547 y estudió en Salamanca y Madrid antes de marchar a Roma. Fue un hombre renacentista, ya que cultivó las letras y trabajó las armas. Combatió en la batalla de Lepanto contra los turcos y estuvo cautivo en Argel durante cinco años. Murió en 1616 sin ver publicada su última obra.

Es sin duda *El Quijote* su obra más importante. Para algunos filólogos es el primer ejemplo de novela moderna, por su extensión y por la psicología de los personajes.

La obra se estructura en dos partes. Cervantes escribió la primera en 1605 y la segunda en 1615. En 1614 apareció una segunda parte falsa firmada por un tal Avellaneda; este hecho llevó a Cervantes a apresurarse en la publicación de su segunda parte.

El argumento de la obra es el siguiente: Alonso Quijano (Don Quijote) pierde la cabeza de leer libros de caballerías. Esto le lleva a querer imitar todo aquello que ha leído y sale de su pueblo vestido de caballero andante acompañado de Sancho Panza, su escudero. Vive una serie de aventuras por donde pasa y al final vuelve a su casa vencido y maltratado.

Este fragmento que se propone pertenece al último capítulo de la segunda parte de la obra, en la que el protagonista ha vuelto de su locura y ha caído enfermo. En este punto de la obra nos encontramos con dos realidades que llegan a su fin: la vida de Don Quijote y la de Alonso Quijano.

Es muy característico señalar cómo cuando el protagonista de la obra pasa de la locura a la cordura, cae enfermo. La locura es lo que lo ha mantenido con vida hasta el final; en el momento en el que se vuelve cuerdo, cae enfermo y muere. Esta es una reflexión que hace Cervantes a través de la obra sobre la cordura y la locura.

En el primer párrafo del fragmento Cervantes, a través de su personaje, hace alusión a la segunda parte falsa que se publica del Quijote por parte de Avellaneda. Cervantes había escrito esta parte un año después, y aprovecha para referirse a la obra falsa como *"grandes disparates"*. En este primer párrafo, Alonso Quijano está leyendo su testamento y pide que le digan a Avellaneda que siente haberle dado pie a escribir una segunda parte de la obra.

En el segundo párrafo, el protagonista está en la cama moribundo. No está solo, le acompañan el ama, la sobrina y Sancho Panza. Los tres ven en muerte de Alonso una manera de enriquecerse:

"que esto del heredar algo borra o templa en el heredero la memoria de la pena que es razón que deje el muerto"

Se dice en el fragmento que los tres andaban alborotados por la casa, esperando el fin del protagonista.

Ya en el último párrafo llegamos al final de la vida de Alonso Quijano; Don Quijote ya había muerto antes: en el momento en el que Don Quijote vuelve a ser Alonso Quijano.

La muerte de Don Quijote podría ser de alguna manera la muerte del Renacimiento; el paso de la locura a la cordura supone el paso del Renacimiento al Barroco.

Bien, en este párrafo se destaca la forma de morir que tiene el protagonista:

"nunca había leído en un libro de caballerías que algún caballero andante hubiese muerto en su lecho tan sosegadamente y tan cristiano como Don Quijote"

Éstas son palabras del escribano en el momento de la muerte. Es significativo el componente religioso que aparece en la obra cuando se mencionan los sacramentos. Esto es una de las cosas que diferencian esta literatura de la renacentista.

Como conclusión podemos decir que Cervantes utiliza un lenguaje adecuado para la comprensión del texto. Bien es cierto, que a lo largo de la obra se ve claramente cómo el lenguaje se adecua a cada uno de los personajes. A través del enfrentamiento entre el idealismo de Don Quijote y el realismo de Sancho Panza, Cervantes quiere reflejar la realidad cotidiana del momento. Esta obra es un adelanto del realismo posterior.

Texto 2: *Quevedo*

A fugitivas sombras doy abrazos;
en los sueños se cansa el alma mía;
paso luchando a solas noche y día
con un trasgo que traigo entre mis brazos.

Cuando le quiero más ceñir con lazos,
y viendo mi sudor, se me desvía,
vuelvo con nueva fuerza a mi porfía.
y temas con amor me hacen pedazos.

Voyme a vengar en una imagen vana
que no se aparta de los ojos míos;
búrlame, y de burlarme corre ufana.

Empiézala a seguir, fáltanme bríos;
y como de alcanzarla tengo gana,
hago correr el llanto en ríos.

Comentario texto 2: *Quevedo*

Francisco de Quevedo nació en Madrid en 1580 en el seno de una familia hidalga. Inició sus estudios de teología en la universidad de Alcalá de Henares y los continuó en Valladolid. Se casó a los 54 años con una viuda, Doña Esperanza de Aragón, pero se separó de ella a los dos años. Murió en 1645 en el convento de los padres Dominicos de Villanueva de los Infantes (Ciudad Real).

La temática de su obra es muy variada:
— Poesía metafísica: centrada en su preocupación por el destino del ser humano.
— Poesía amorosa: aunque se mostró bastante misógino con sus burlas hacia las mujeres, fue un gran poeta del amor.
— Poesía religiosa: escribe poemas de este tipo como medio de trascendencia.
— Poesía satírico-burlesca: deforma todos los aspectos de la realidad en una poesía caricaturesca.

Este poema que vamos a comentar lo encuadraríamos dentro de su poesía amorosa. En él se ven claramente aspectos propios de la literatura barroca como el pesimismo y el desengaño. El tema del poema, de hecho, es el desengaño amoroso. Quevedo identifica el amor con una sombra, algo que no se puede coger y que se escapa. Esta metáfora es el primer verso del poema: *"A fugitivas sombras doy abrazos"*.

El poeta continúa explicando cómo se siente; está cansado de perseguir al amor, para él es una lucha constante a la que se enfrenta sin fuerzas:

" *...en los sueños se cansa el alma mía,*
paso luchando a solas noche y día
con un trasgo que traigo entre mis brazos"

Quevedo identifica este amor con un *trasgo*, espíritu fantástico que simboliza la irrealidad del amor.

En la segunda estrofa el poeta dice *"cuando le quiero más ceñir con lazos..."*. Aquí el amor aparece personificado; el poeta quiere agarrarlo para sí... pero se escapa burlándolo, jugando con él:

"búrlame, y de burlarme corre ufana"

En la última estrofa el poeta dice claramente que quiere conseguir el amor pero le es imposible; la hipérbole que utiliza en el último verso es muy significativa: *"hago correr tras ella el llanto en ríos"*.

Quevedo en este poema pretende hacer una reflexión sobre la naturaleza huidiza del amor. El desencanto del siglo XVII aparece, pues, reflejado de forma clara a lo largo del poema.

Desde el punto de vista métrico, se trata de un soneto. Quevedo mantiene la tradición literaria petrarquista y encuentra en este tipo de composición métrica un buen vehículo para la expresión de sus sentimientos.

Texto 3: *La vida es sueño*

> SEGISMUNDO. *Es verdad; pues reprimamos*
> *esta fiera condición,*
> *esta furia, esta ambición,*
> *por si alguna vez soñamos.*
> *Y sí haremos, pues estamos*
> *en mundo tan singular,*
> *que el vivir sólo es soñar;*
> *y la experiencia me enseña*
> *que el hombre que vive sueña*
> *lo que es hasta despertar.*
> *Sueña el rey que es rey, y vive*
> *con este engaño mandando,*
> *disponiendo y gobernado;*
> *y este aplauso, que recibe*
> *prestado, en el viento escribe,*
> *y en cenizas le convierte*
> *la muerte, – ¡desdicha fuerte!*
> *¡que hay quien intente reinar,*
> *viendo que ha de despertar*
> *en el sueño de la muerte!*
>
> *Sueña el rico en su riqueza,*
> *que más cuidados le ofrece;*
> *sueña el pobre que padece*

> *y miseria y su pobreza;*
> *sueña el que a medrar empieza,*
> *sueña el que afana y pretende,*
> *sueña el que agravia y ofende,*
> *y en el mundo, en conclusión,*
> *todos sueñan lo que son,*
> *aunque ninguno lo entiende.*
> *Yo sueño que estoy aquí*
> *destas prisiones cargado,*
> *y soñé que en otro estado*
> *más lisonjero me vi.*
> *¿Qué es la vida? Un frenesí.*
> *¿Qué es la vida? Una ilusión,*
> *una sombra, una ficción,*
> *y el mayor bien es pequeño,*
> *que toda la vida es sueño,*
> *y los sueños, sueños son.*

Comentario texto 3: *La vida es sueño*

Calderón de la Barca nació en Madrid en 1600 en el seno de una familia hidalga. Estudió con los jesuitas donde recibió una sólida formación. Se ordenó sacerdote y fue poeta de la corte de Felipe IV. Murió en Madrid en 1681.

Calderón fue un innovador en cuanto a los temas que trata en su teatro: el desengaño, el honor, el amor, la mujer, la muerte o el destino son algunos de los temas que aparecen en sus obras.

Este fragmento pertenece a su obra *La vida es sueño,* que cuenta la historia de Segismundo, hijo de Basilio, rey de Polonia. Un vaticinio de que el heredero será un tirano, lleva al rey a encerrar a su hijo en una torre. Cuando llega la hora de la sucesión, Basilio decide dar una oportunidad a Segismundo. El rey manda drogar a su hijo y luego lo lleva a palacio. Cuando éste despierta, se entera de quién es él y cuál es la situación. Entonces arremete contra todos los que lo rodean y su padre vuelve a encerrarlo en la torre, donde Clotaldo, su sirviente, lo convence de que todo ha sido un sueño.

Al final, el pueblo conoce la existencia de su heredero y lo liberan para que ocupe el puesto que le corresponde.

Los principales personajes de la obra son:
— Segismundo: es el personaje principal de la obra. Es de carácter solitario y vive confundido entre la realidad y la ficción.
— Clotaldo: es su sirviente y trata de convencer al rey de que traiga a su hijo a palacio.
— Basilio: el rey de Polonia.
— Rosaura: es el personaje femenino de la obra que solo quiere vengar la honra de su padre.

El texto que proponemos corresponde a la última escena de la jornada II de la obra. En él, Segismundo, realiza un monólogo en el que reflexiona sobre la vida y los sueños.

El fragmento está plagado de recursos literarios de principio a fin, pero antes vamos a comentar los temas. Aparecen tres temas concatenados: la vida, la muerte y el sueño. La vida es entendida como sueño, dice el texto *"vivir solo es soñar"*. Con esta expresión el autor quiere hacernos reflexionar sobre el carácter efímero de la vida, algo ficticio, irreal, que como el sueño, acaba cuando uno despierta. La muerte está presente en esta reflexión filosófica, ya que es lo que pone fin a la vida y al sueño. Se habla en el texto de una muerte ontológica, la muerte del ser. Esta muerte la ha experimentado Segismundo encerrado en la torre, sin saber qué es real y qué no.

Como hemos dicho antes, aparecen gran cantidad de recursos literarios:
— Metáforas: *"en el viento escribe"*, a través de ella se hace presente lo absurdo de la vida, lo pasajero…
— Paradoja: *"vivir solo es soñar"*, esta paradoja es el tema fundamental de la obra. Calderón identifica el sueño con la vida, haciéndolos indisolubles.
— Juegos de palabras: *"que toda la vida es sueño, y los sueños, sueños son"*, estos recursos contribuyen a la agilidad de la lectura.
— Interrogaciones retóricas: *¿Qué es la vida? Un frenesí.* El autor se pregunta qué es la vida al final del monólogo y acaba afirmando que la vida es sueño.
— Hipérbaton: *"yo sueño que estoy aquí, destas prisiones cargado"*. Este recurso lo utiliza mucho Calderón en su obra para alterar el orden lógico de las palabras y así crear belleza formal.
— Antítesis: *"el mayor bien es pequeño"*. Es un recurso muy utilizado en el Barroco para mostrar contrastes.

En la obra y en el fragmento aparece reflejado el espíritu del Barroco, la dualidad interna que vive el hombre del siglo XVII. El desencanto y la inseguridad propios de esta época aparecen encarnados en la figura de Segismundo, que se convierte, con esta obra, en símbolo de esta etapa de la historia, al representar todas las características del hombre del Barroco.

Con esta obra se plantean una serie de temas que son contrarios a la literatura del siglo anterior. La vida, aunque sigue viéndose como algo pasajero, se vive de otra manera. El hombre del Renacimiento intenta disfrutarla al máximo mientras que el hombre del siglo XVII, más espiritual, intenta entenderla y medita sobre la existencia.

TEXTOS DEL BARROCO PARA COMENTAR

Texto 1: *Sonetos de Quevedo*

Amor que se escapa

"Cerrar podrá mis ojos la postrera
sombra que me llevare el blanco día,
y podrá desatar esta alma mía
hora a su afán ansioso lisonjera;
Más no, de esotra parte, en la ribera,
dejará la memoria, en donde ardía:
nadar sabe mi llama el agua fría,
y perder el respeto a ley severa.
Alma a quien todo un dios prisión ha sido,
venas que humor a tanto fuego han dado,
médulas que han gloriosamente ardido:
su cuerpo dejará no su cuidado;
serán ceniza, mas tendrá sentido;
polvo serán, mas polvo enamorado."

Amor constante más allá de la muerte

"es hielo abrasador, es fuego helado,
es herida que duele y no se siente,
es un soñado bien, un mal presente,
es un breve descanso muy cansado.
Es un descuido que nos da cuidado,
un cobarde, con nombre de valiente,
un andar solitario entre la gente,
un amar solamente ser amado.
Es una libertad encarcelada,
que dura hasta el postrero paroxismo,
enfermedad que crece si es curada.
Éste es el niño Amor, éste es su abismo.
¡mirad cuál amistad tendrá con nada
el que en todo es contrario de sí mismo!"

Texto 2: *El caballero de Olmedo* de Lope de Vega

Escena XXI
(salgan Don Rodrigo y Don Fernando y su gente)

RODRIGO. *¿Quién va?*
ALONSO. *Un hombre. ¿no me ven?*
FERNANDO. *Deténgase*
ALONSO. *Caballeros,*
    si acaso necesidad
    los fuerza a pasos como estos,
    desde aquí a mi casa hay poco:
    no habré menester dineros;
    que de día y en la calle
    se los doy a cuantos veo
    que me hacen honra en pedirlos.
RODRIGO. *Quítese las armas luego.*
ALONSO. *¿para que?*
RODRIGO. *Para rendillas.*
ALONSO. *¿saben quién soy?*
FERNANDO. *El de Olmedo,*
    el matador de toros,
    que viene arrogante y necio
    a afrentar los de Medina;
    el que deshonra don Pedro
    con alcagüetes infames.
    Alonso – Si fuérades a lo menos
    nobles vosotros, allá,
    pues tuvistes tanto tiempo,
    me hablárades, y no agora,
    que solo a mi casa vuelvo.
    Allá en las rejas, adonde
    dejastes la capa huyendo,
    fuera bien, y no en cuadrilla
    a media noche, soberbios.
    Pero confieso, villanos,
    que la estimación os debo:

>   que, aun siendo tantos, sois pocos.
>   *(Riñan)*
> RODRIGO. *Yo vengo a matar, no vengo*
>   *a desafíos, que, entonces,*
>   *te matara cuerpo a cuerpo.*
>   *(A Mendo)*
>   *Tírale*
>   *(Disparen dentro)*
> ALONSO. *Traidores sois;*
>   *pero sin armas de fuego*
>   *no pudiérades matarme.*
>   *¡Jesús!*
>   *(Cae)*
> FERNANDO. *¡Bien lo has hecho, Mendo!*
> ALONSO. *¡Que poco crédito di*
>   *a los avisos del cielo!*
>   *Valor propio me ha engañado,*
>   *y muerto envidias y celos.*
>   *¡ay de mi! ¿Qué haré en un campo*
>   *tan solo?*

Texto 3: *Luis de Góngora*

> "*La dulce boca que a gustar convida*
> *un humor entre perlas distilado,*
> *y a no envidiar aquel licor sagrado*
> *que a Júpiter ministra el garzón de Ida.*
>
> *Amantes, no toquéis, si queréis vida;*
> *porque entre un labio y otro colorado*
> *amor está, de su veneno armado,*
> *cual entre flor y flor sierpe escondida.*
>
> *No os engañen las rosas, que a la Aurora*
> *diréis que, aljofaradas y olorosas,*
> *se le cayeron del purpúreo seno;*

Manzanas de Tálano son, y no rosas,
que después huyen del que incitan ahora,
y solo del Amor queda el veneno."

Texto 4: *El Criticón*

– ¿Qué es esto? –dijo Andrenio–. *¿No es esta la deseada flota que me decías?*
– Sí.
– ¿No vienen allí hombres?
– También.
– ¿Pues de qué te entristeces?
– Y aun por eso. Advierte, Andrenio, que ya estamos entre enemigos: ya es tiempo de abrir los ojos, ya es menester vivir alerta. Procura de ir con cautela en el ver, en el oír y mucha más en el hablar. Oye a todos y de ninguno te fíes. Tendrás a todos por amigos, pero guardarte has de todos como de enemigos.
– Estaba admirado Andrenio, oyendo estas razones, a su parecer tan sin ella, y arguyole de esta suerte:
– ¿Cómo es esto? Viviendo entre las fieras, no me previniste de algún riesgo, ¿Y ahora con tanta exageración me cautelas? ¿No era mayor el peligro entre los tigres, y no temíamos, y ahora de los hombres tiemblas?
– Sí –respondió con un gran suspiro Critilo–, *que si los hombres no son fieras es porque son más fieros, que de su crueldad aprendieron muchas veces ellas. Nunca mayor peligro hemos tenido, que ahora que estamos entre ellos. Y es tanta la verdad esta, que hubo rey que temió y resguardó un favorecido suyo de sus cortesanos (¡Que hiciera de villanos!) mas que de los hambrientos leones de un lago; y así selló con su real anillo la leonera, para asegurarle de los hombres cuando le dejaba entre las hambrientas fieras. ¡Mira tú cuáles serán estos! Verlos has, experimentarlos has, y dirásmelo algún día.*

Parte I, capítulo IV

LA ILUSTRACIÓN (SIGLO XVIII)

El contexto histórico

El siglo XVIII se conoce como "el siglo de la razón" o "siglo de las luces". Este nombre hace referencia a la importancia que se le dio a la razón y a la ciencia por parte de los Ilustrados. La Ilustración va a ser, por tanto, un movimiento filosófico que se basaba en la idea del progreso, la supremacía de la razón y el avance científico. Fue en Francia donde esta corriente alcanzó mayor fuerza de la mano de tres personalidades: Volaire, Montesquieu y Rousseau.

Desde el punto de vista social, la llegada de este siglo supuso el principio del fin de las clases privilegiadas, que veían cómo la burguesía iba enriqueciéndose y avanzando socialmente con la intención de acabar con el antiguo régimen establecido. Este avance burgués fue también muy importante en Francia, donde se reclamó la igualdad de todos los hombres ante la ley. Esto impulsó un gran movimiento revolucionario conocido como Revolución Francesa (1789). Hecho con el que comienza la edad contemporánea y marca un antes y un después en la historia de la humanidad.

En España, la muerte del rey Carlos II sin descendencia, supuso un cambio de dinastía: los Borbones. Felipe de Anjou, nieto de Luis XIV de Francia, será el nuevo rey de España con el nombre de Felipe V.

Por otro lado, en Inglaterra se vive otra revolución: la Revolución Industrial. Este hecho supuso un espectacular avance en el sector económico, afectando a la agricultura, a la industria y a las comunicaciones. Aparecen conceptos como capitalismo industrial o financiero, liberalismo económico, bolsa o mercado de valores. Este proceso se desarrollará en el siglo XIX.

Con la Ilustración llegó el despotismo ilustrado, forma de gobierno iniciada en Francia y extendida por toda Europa, que pretendía gobernar para el pueblo pero sin contar con él. Los monarcas ilustrados se preocuparon por el bienestar social, impulsaron la educación y la sanidad, pero siguieron siendo monarcas absolutos. Lo que mejor encarnaron este modelo fueron: Carlos III en España, Federico II de Prusia, Luis XVI en Francia, Catalina II de Rusia y José I de Portugal.

Respecto al arte, asistimos en este siglo al nacimiento del Neoclasicismo; corriente artística que rompe con los excesos del Barroco y que se caracteriza por la sobriedad, la sencillez y el orden. Este movimiento tomó como modelo el arte griego y romano.

La literatura del siglo XVIII

La literatura de esta época pierde poco a poco el tono intimista de siglos anteriores, volviéndose más utilitaria y didáctica. Los autores buscaron una literatura práctica, que sirviera para formar a individuos. Será fundamental la influencia de Montesquieu, Voltaire y Rousseau en los autores europeos del momento.

La literatura de esta época jugó un papel fundamental en la difusión de ideas.

La prosa

Respecto a la prosa surge un subgénero literario ideal para el propósito de esta literatura: el ensayo. A través de él los autores dan a conocer sus ideas sobre un determinado asunto. Los autores que más cultivaron este subgénero fueron Feijoo, Jovellanos o Cadalso.

También se trabajó en prosa el relato autobiográfico, cuyo iniciador fue Voltaire.

El teatro

El teatro siguió gozando de gran aceptación por el público. Esto fue aprovechado por los autores para intentar reeducar a la sociedad a través de él. Este teatro tiene las siguientes características:
— Se escribe en prosa, y no en verso.
— Se vuelve a la regla de las tres unidades (acción, lugar y tiempo).
— Tiene un carácter didáctico.

El autor más representativo de este teatro será Fernández de Moratín.

La poesía

Existen distintas corrientes poéticas en este siglo:
— Por un lado se cultiva una poesía bucólica en la que los poetas hablan del amor y de los placeres.
— Por otro, la poesía se convierte en una utilidad social. Aparece la fábula como vehículo idóneo para una poesía moral y didáctica.
— Por último aparece un prerromanticismo poético basado en la oscuridad, la ruina y la imaginación.
En poesía, destaca la figura de Meléndez Valdés.

COMENTARIO DE TEXTOS

Texto 1: *Cartas Marruecas*

Carta VI

El atraso de las ciencias en España en este siglo, ¿Quién puede dudar de que procede de la falta de protección que hallan sus profesores? Hay cochero en Madrid que gana trescientos pesos duros, y cocinero que funda mayorazgos; pero no hay quien no sepa que se ha de morir de hambre como se entregue a las ciencias, exceptuadas las de pane lucrando *que son las únicas que dan de comer.*

Los pocos que cultivan las otras son como aventureros voluntarios de los ejércitos, que no llevan paga y se exponen más. Es un gusto oírles hablar de matemáticas, física moderna, historia natural, derecho de gentes, y antigüedades, y letras humanas, a veces con más recato que si hiciesen moneda falsa. Viven en la oscuridad y mueren como vivieron, tenidos por sabios superficiales en el concepto de los que saben poner setenta y siente silogismos seguidos sobre si los cielos son fluidos o sólidos.

Hablando pocos días ha con un sabio escolástico de los más condecorados en su carrera, le oí esta expresión, con motivo de haberse nombrado en la conversación a un sujeto excelente en matemáticas:

– Sí, en su país se aplican muchos a esas cosillas, como matemáticas, lenguas orientales, física, derecho de gentes y otras semejantes.

Pero yo te aseguro, Ben-Beley, que si señalasen premios para los profesores, premios de honor, o de interés, o de ambos, ¿qué progresos no harían? Si hubiese siquiera quien los protegiese, se esmerarían sin más estímulo; pero no hay protectores.

Tan persuadido está mi amigo de esta verdad, que hablando de esto me dijo:

– En otros tiempos, allá cuando me imaginaba que era útil y glorioso dejar de fama en el mundo, trabajé una obra sobre varias partes de la literatura que había cultivado, aunque con más amor que buen suceso. Quise que saliese bajo la sombra de algún poderoso, como es natural a todo autor principiante. Oí a un magnate decir que todos los autores eran locos; a otro, que las dedicatorias eran estafas; a otro, que renegaba del que inventó el papel; otro se burlaba de los hombres que se imaginaban saber algo; otro

me insinuó que la obra que le sería más acepta, sería la letra de una tonadilla; otro me dijo que viera con un criado suyo para tratar esta materia; otro ni me quiso hablar, otro ni me quiso responder; otro ni quiso escucharme; y de resultas de todo esto, tomé la determinación de dedicar el fruto de mis desvelos al mozo que traía el agua a casa. Su nombre era Domingo, su patria Galicia, su oficio ya está dicho: con que recogí todos esos preciosos materiales para formar la dedicatoria de esta obra.

Y al decir estas palabras, sacó de la cartera unos cuadernillos, púsose los anteojos, acercase a la luz y, después de haber ojeado, empezó a leer:

Dedicatoria a Domingo de Domingos, aguador decano de la fuente del Ave María. *Detúvose mi amigo un poco, y me dijo:*

–¡Mira que Mecenas!

Comentario Texto 1*: Cartas Marruecas*

José Cadalso, autor de Cartas Marruecas, nació en Cádiz en 1741, aunque su familia era procedente de Vizcaya. Su madre murió en el parto y su padre, por motivos de trabajo, tardó trece años en conocer a su hijo. Su tío, Mateo Vázquez, un jesuita, se encargó de su educación. Éste lo envió a París a estudiar. Viajó por toda Europa y aprendió varios idiomas. Vuelve a Madrid en 1770 y se enamora de María Ignacia Ibáñez, que murió repentinamente de tifus. Esta etapa del escritor es de las más significativas de su vida. Murió en 1782 por el impacto en la sien de un casco de metralla.

Toda su obra resume la mentalidad neoclásica. Aunque cultivó poesía y teatro, será en la prosa donde encuentre el vehículo más acertado para difundir sus ideas.

Este texto pertenece a su obra *Cartas Marruecas,* escritas por el autor en Salamanca entre 1773 y 1774.

La obra consta de un conjunto de noventa cartas literarias, basada en la obra *Cartas Persas* de Montesquieu. En ellas aparecen tres personajes: un joven marroquí (Gazel) que cuenta sus impresiones tras visitar España, el anciano Ben-Beley, que es su maestro y el español Nuño. A través de ellos, Cadalso realiza una crítica bastante ácida de la España de la época.

En esta carta que escribe Gazel a Ben-Beley se nos plantea un tema: el atraso de las ciencias en España y la falta de protectores para los profesores que se dedican a ellas y se mueren de hambre.

Gazel cuenta en la carta que habló con un sabio escolástico y que se refirió despectivamente a distintos ámbitos de la cultura, por tanto piensa que si se le diese más reconocimiento a las ciencias, habría más científicos.

Por otro lado, Nuño empezó a escribir una obra, y mientras la escribía escuchaba distintas recomendaciones sobre qué hacer con ella. Al final se cansó y se la dedicó al mozo que traía el agua a su casa.

Cadalso, a través del género epistolar, critica duramente la situación de las ciencias en España. Recordemos que nos encontramos en el siglo XVIII, siglo de la razón; en este momento de la historia, las ciencias ocupan un lugar muy importante en toda Europa. Sin embargo, parece que en España, aún no son tan reconocidas como debieran.

El autor hace una distinción entre las ciencias de *pane lucrando* y las que no dan de comer. Esta expresión latina significa *ganarse el pan*. Con esto hace referencia a la escolástica. Cadalso dice que es la única ciencia que da de comer, ya que si te entregas a las otras, te mueres de hambre.

Con esto se deja entrever una postura anticlerical por parte de autor. Los Ilustrados de esta época tienen que hacer frente a las corrientes que van en contra de las posturas racionalistas. La iglesia será la primera enemiga de la filosofía Ilustrada, ya que razón y fe son elementos contradictorios.

Volviendo al tema central de carta, Gazel piensa que la solución del problema de las ciencias en España podría estar en la motivación a los científicos y profesores, es decir, Gazel habla de premiar la labor de estos científicos y de protegerlos. En estos planteamientos quedan reflejados los postulados ilustrados. Esta defensa a ultranza de las ciencias como única verdad es rasgo esencial en el intelectual del siglo XVIII.

Desde el punto de vista formal ya hemos señalado que se trata de un género epistolar, muy característico en la literatura de esta época. El lenguaje que utiliza Cadalso es sencillo. El autor busca la claridad expositiva ante todo. Esto es uno de los rasgos contrarios a la literatura del Barroco. En las cartas se alternan la narración, la descripción y el diálogo. Aunque aparece un latinismo (*pane lucrando*), suele ser escaso el empleo de cultismos y arcaísmos en la obra.

Cadalso utiliza un lenguaje metafórico para referirse en el segundo párrafo a los científicos: *"los pocos que cultivan las otras son como aventureros voluntarios de los ejércitos.....viven en la oscuridad y mueren como vivieron......"*.

Con esto habla de que los científicos pasarán desapercibidos, sin que nadie valore su trabajo.

Como conclusión podemos decir, que Cadalso a través de la epístola y con un lenguaje contundente, hace una crítica dura sobre la situación de las ciencias en España: se trata de un ilustrado hablando sobre un tema propio de la Ilustración.

Texto 2: *El sí de las niñas*

D. CARLOS. *Eso no... delante de mí nadie ha de ofenderla.*
DOÑA FRANCISCA. *¡Carlos!*
D. CARLOS. *(a D.Diego) Disimule usted mi atrevimiento... he visto que la insultaban y no me he sabido contener.*
DOÑA IRENE. *¿Qué es lo que sucede, Dios mío? ¿Quién es usted?... ¿Qué acciones son éstas?... ¡Qué escándalo!*
D. DIEGO. *Aquí no hay escándalos... ése es de quien su hija de usted está enamorada ... separarlos y matarlos viene a ser lo mismo... Carlos... no importa... Abraza a tu mujer.*

(Se abrazan D. Carlos y D. Francisca, y después se arrodillan a los pies de D. Diego).

DOÑA IRENE. *¿Con que su sobrino de usted?*
D. DIEGO. *Sí, señora; mi sobrino, que con sus palmadas, y su música, y su papel me ha dado la noche más terrible que he tenido en mi vida ... ¿Qué es esto, hijos míos; que es esto?*
DOÑA FRANCISCA. *¿Con que usted nos perdona y nos hace felices?*
D. DIEGO. *Si, prendas de mi alma... sí. (Los hace levantar con expresión de ternura).*
DOÑA IRENE. *¿Y es posible que usted se determina a hacer un sacrificio?...*
D. DIEGO. *Yo pude separarlos para siempre y gozar tranquilamente la posesión de esta niña amable, pero mi conciencia no lo sufre... ¡Carlos!... ¡Paquita! ¡Qué dolorosa impresión me deja en el alma el esfuerzo que acabo de hacer!... Porque, al fin, soy hombre miserable y débil.*

D. CARLOS. *Si nuestro amor (besándole las manos), si nuestro agradecimiento pueden bastar a consolar a usted en tanta pérdida...*

DOÑA IRENE. *¡Con que el bueno de D. Carlos! Vaya que...*

D. DIEGO. *Él y su hija de usted estaban locos de amor, mientras que usted y las tías fundaban castillos en el aire, y me llenaban la cabeza de ilusiones, que han desaparecido como un sueño... Esto resulta del abuso de autoridad, de la opresión que la juventud padece, y éstas son las seguridades que dan los padres y los tutores, y esto que se debe fiar en el sí de las niñas... Por una casualidad he sabido a tiempo el error en que estaba... ¡Ay aquellos que los saben tarde!*

DOÑA IRENE. *En fin, Dios los haga buenos, y que por muchos años se gocen... Venga usted acá, señor; venga usted, que quiero abrazarte. (Abrazando a D. Carlos. Dª Francisca se arrodilla y besa la mano de su madre.) Hija, Francisquita. ¡Vaya! Buena elección has tenido... Ciertos que es un mozo muy galán... Morenillo, pero tiene un mirar de ojos muy hechicero.*

RITA. *Si, dígaselo usted, que no lo ha reparado la niña... Señorita, un millón de besos. (Se besan Dª Francisca y Rita).*

DOÑA FRANCISCA. *Pero, ¿Ves qué alegría tan grande?... ¡Y tú, cómo me quieres tanto!... Siempre, siempre serás mi amiga.*

D. DIEGO. *Paquita hermosa (abraza a Dª Francisca), recibe los primeros abrazos de tu nuevo padre... No temo ya la soledad terrible que amenazaba a mi vejez... Vosotros (asiendo de los manos a Dª Francisca y a D. Carlos) seréis la delicia de mi corazón; y el primer fruto de vuestro amor..., sí, hijos, aquél... no hay remedio, aquél es para mí. Y cuando le acaricie en mis brazos, podré decir: a mi me debe su existencia ese niño inocente; sus padres viven, si son felices, yo he sido la causa.*

D. CARLOS. *¡Bendita sea tanta bondad!*

D. DIEGO. *Hijos, bendita sea la de Dios.*

Comentario texto 2: *El sí de las niñas*

Leandro Fernández de Moratín nació en Madrid en 1760. De formación autodidacta se crió en la corte de Carlos III. Fue Moratín un hombre de teatro; su obra es extensa, aunque escribió poesía su gran pasión fue el teatro. Murió en París en 1828.

El sí de las niñas supuso un éxito rotundo en el teatro de la época, ya que se mantuvo en cartel durante veintiséis días seguidos. El tema que aborda la obra es la libertad de la mujer para elegir marido. Tema, que en esa época, estaba de actualidad, ya que el matrimonio se entendía, hasta entonces, como un acuerdo o negocio.

La comedia está escrita en prosa y respeta las reglas de las tres unidades.

El argumento de la obra es el siguiente: Doña Francisca es una joven de de dieciséis años que está prometida con Don Diego, hombre adinerado de unos cincuenta años. La unión entre ambos ha sido negociada entre Don Diego y Doña Irene, madre de Doña Francisca. La joven está enamorada de Don Carlos, sobrino de Don Diego. El joven, que conoce la situación, intenta impedir la boda cintándose con Doña Francisca en una posada, sin saber que su tío es el prometido. Don Diego empieza a sospechar sobre el amor entre Doña Francisca y su sobrino y decide enviarlo al regimiento. Éste le obedece renunciando al amor de su amada. Carlos escribe una carta a Doña Francisca para informarle de su marcha, y ésta cae en manos de Don Diego, que comprendiendo el amor entre los jóvenes, renuncia a su matrimonio y hace lo posible para que ambos estén juntos.

El fragmento que vamos a comentar pertenece a la escena XIII del acto III. En él Don Diego renuncia a su matrimonio con Doña Francisca porque se ha dado cuenta del amor que ésta siente por su sobrino Carlos.

Don Diego no quiere ser el impedimento entre los jóvenes, a pesar de ser un gran esfuerzo el que ha hecho al renunciar a Doña Francisca:

¡Qué dolorosa impresión me deja en el alma el esfuerzo que acabo de hacer!

El tema de la obra podríamos plantearlo como la lucha entre el amor y la razón.

En esta lucha vence la razón; tema propio del siglo XVIII. Don Diego encarnaría, con esta actitud, la de un perfecto ilustrado, que aboga por la libertad a la hora de elegir.

En el discurso de Don Diego es característico ver cómo era el trato que se le daba a la mujer en esta época: *"Yo pude separarlos para siempre y gozar tranquilamente de la posesión de esta niña amable..."*.

La mujer es considerada un objeto, algo que el hombre puede poseer. Es Don Diego quien decide sobre el futuro de Doña Francisca; la joven, en ningún momento, ha decidido sobre su vida.

Don Diego hace también en el texto una reflexión sobre sí mismo; él es consciente de que es mayor, de que le queda poco tiempo; se ve miserable y débil, solo y viejo. Al haberse apartado de la joven ha visto su realidad, ha salido del sueño que estaba viviendo. Es el paso del siglo del oro al siglo de las luces.

En su última intervención, Don Diego critica algunos aspectos de la sociedad que no comparte: "Esto resulta del abuso de autoridad, de la opresión que la juventud padece…".

En una época en la que el mundo ha cambiado, en la que se levantan nuevos ideales, como la libertad y la igualdad, Moratín, a través de su personaje, critica el atraso de España con respecto a algunos países Europeos.

Como ya hemos comentado, este fragmento podría ser el resumen de una época, ya que en él aparecen reflejados los ideales propios del movimiento Ilustrado.

El lenguaje que se utiliza en la obra es sencillo y claro. Los recursos literarios son escasos; en el fragmento vemos la expresión *fundar castillos en el aire*, metáfora con la que el autor hace referencia a aquello que no es posible, que no se puede realizar. Con esta expresión también se ataca al sentimiento y se defiende la razón. Doña Irene le ha llenado la cabeza a Don Diego de cosas que no se han cumplido: ahora, como ya hemos dicho, ha despertado del sueño.

Como conclusión, debemos terminar diciendo que *El sí de las niñas* es la obra de mayor éxito de Moratín y la que mejor refleja el espíritu de una época. Es Don Diego un prototipo claro de hombre Ilustrado del siglo XVIII.

TEXTOS DEL SIGLO XVIII PARA COMENTAR

Texto 1: *Jovellanos*

A CLORI

*Sentir de una pasión viva ardiente
todo el afán, zozobra y agonía;
vivir sin premio un día y otro día;
dudar, sufrir, llorar eternamente;*

*Amar a quien no ama, a quien no siente,
a quien no corresponde ni desvía;
persuadir a quien cree y desconfía,
rogar a quien otorga y se arrepiente,*

*luchar contra un poder justo y terrible,
temer más la desgracia que la muerte,
norir, en fin, de angustia y de tormento.*

*Víctima de un amor irresistible:
ésta es mi situación, ésta es mi suerte.
¿y tú quieres, cruel, que esté contento?*

Texto 2: *Cartas Marruecas*

Carta XXXIII

En mis viajes por la península me hallo de cuando en cuando con algunas cartas de mi amigo Nuño, que se mantiene en Madrid, te enviaré copia de algunas y empiezo por la siguiente (...).

Amado Gazel: (...) ¿Habrá cosa más fastidiosa que la conversación de aquellos que pesan el mérito del hombre por el de la plata y oro que posee?. Éstos son los ricos. ¿Habrá cosa más cansada que la compañía de los que no estiman a un hombre por lo que es, sino por lo fueron sus abue-

los? Éstos son los nobles. ¿Cosa más vana que la concurrencia de aquellos que apenas llaman racional al que no sabe el cálculo algebraico o el idioma caldeo? Éstos son los sabios. ¿Cosa más insufrible que la concurrencia de los que vinculan todas las ventajas del entendimiento humano en juntar una colección de medallas o en saber qué edad tenía Catulo cuando compuso "Pervigilium Veneris", si es suyo, o de quien sea, en caso de no serlo del dicho? Éstos son los eruditos. En ningún concurso de éstos ha depositado naturaleza el bien social de los hombres. Envidia, rencor y vanidad ocupan demasiado tales pechos para que en ellos quepan la verdadera alegría, la conversación festiva, la chanza inocente, la mutua benevolencia, el agasajo sincero y la amistad, en fin, madre de todos los bienes sociables. Ésta sólo se halla entre los hombres que se miran sin competencia.

EL SIGLO XIX

El contexto histórico

El siglo XIX comenzó con un hecho histórico que repercutió en toda Europa: la proclamación de Napoleón como emperador de Francia. Se iniciaba así el Imperio Napoleónico. Sobre 1810 gran parte de Europa estaba bajo el dominio francés, incluida España.

Tras una serie de reveses sufridos en Rusia y España, Napoleón huye a la isla de Elba. Poco después volvió a Francia y logró hacerse con el poder, pero duró poco tiempo. Fue derrotado definitivamente en la batalla de Waterloo en 1815.

En nuestro país despedimos al último de los reyes absolutistas, Fernando VII. Tras su muerte no pudo reinar su hija Isabel por ser menor de edad; mientras, su madre Maria Cristina, fue la Regente. Mientras Isabel II cumplía la mayoría de edad, se inició una guerra (guerra Carlista) por el problema de la sucesión: Por un lado, los partidarios de que el heredero fuera el hermano del rey Fernando VII, Carlos María Isidro (absolutistas), y, por otro, los partidarios de Isabel (liberales).

La guerra acabó con la victoria de los liberales permitiendo que Isabel II accediera al trono en 1843, año en que fue proclamada mayor de edad.

Se iniciaba así en España un régimen liberal basado en la alternancia de partidos políticos.

En este siglo, la sociedad dejó de ser estamental para convertirse en una sociedad de clases marcada por el poder económico de cada individuo.

La burguesía adquiere en esta época una gran importancia social. Gracias a la revolución industrial, esta clase social se ha ido enriqueciendo y ha ido consiguiendo mucho poder.

Por otro lado, la nobleza, empezó a perder su relevancia social, aunque siguió conservando su poder económico.

Por último, las clases más desfavorecidas las componían los campesinos y el proletariado urbano, clases que apenas mejoraron sus condiciones de vida.

Es importante señalar que en esta época se inicia el movimiento obrero, que luchó por el derecho de asociación y el incremento salarial.

Respecto al arte, varios movimientos aparecerán en este siglo: el Romanticismo, el Realismo y el Naturalismo son algunos de ellos.

ROMANTICISMO

Es el Romanticismo un movimiento de gran complejidad, que supone una reacción en contra del predominio de la razón del siglo anterior. Frente a la razón opone elementos como el sentimiento, la fantasía o la imaginación. La ideología romántica está basada en los siguientes aspectos:
— Un resurgir de lo religioso.
— Se potencian cualidades no racionales del hombre como el sueño, la fantasía o el instinto.
— Se recupera la edad media como modelo histórico del pasado.
— Se le da especial atención a la presencia de la naturaleza en la obra literaria.
— La conciencia individual adquiere mucha importancia: la originalidad frente a la imitación.

El Romanticismo fue un movimiento que tuvo magníficas expresiones en toda Europa: Alemania, Inglaterra y Francia son algunos de los países en los que este movimiento ha dejado grandes autores y grandes obras.

Podemos hablar de dos líneas dentro del Romanticismo:
— Idealismo: esta corriente es la que rompe con la razón y cultiva los sentimientos, la fantasía o la imaginación en la obra. Goethe en Alemania, Lord Byron en Inglaterra, Víctor Hugo en Francia y Bécquer en España, fueron algunos de los autores que siguieron este modelo.
— Positivismo: esta corriente filosófica admite sólo el método experimental para conocer la esencia del mundo. Esta doctrina fue formulada por August Comte.

La prosa romántica

La novela tendrá un gran desarrollo en este siglo, ya que se ha convertido en el género literario de la burguesía. Existen muchas modalidades de novela, destacamos:

- Novela introspectiva: plantea el conflicto entre el "yo" y la sociedad.
- Novela histórica: el interés por el pasado lleva a buscar modelos en la Edad Media. Walter Scott fue su iniciador.
- Novela de folletín: se difundía en los periódicos y era por capítulos.
- Novela fantástica: su temática gira en torno a fantasmas y hechos sobrenaturales.

Dentro de la prosa debemos destacar la figura de Mariano José de Larra, primer periodista español que cultivó el artículo de costumbres.

El teatro romántico

El triunfo definitivo de este género se debe a Víctor Hugo, que en el prefacio a su drama *Cromwell* expuso sus teorías dramáticas. Hugo propone el drama como alternativa a la tragedia y a la comedia.

El drama romántico posee las siguientes características:
- Se rompen los principios neoclásicos mezclando la prosa y el verso y lo trágico y lo cómico.
- La libertad del creador romántico choca con las reglas neoclásicas de las tres unidades.
- El tema más común será el amor no correspondido.
- Se buscan elementos que causen efectos en el espectador: el dinamismo y la sorpresa están presentes en la obra.

En España destaca la figura de José Zorrilla con su drama *Don Juan Tenorio*.

La poesía romántica

Los rasgos de la poesía son comunes a toda Europa:
- La subjetividad aparece representada en la expresión de sentimientos por parte de los poetas.
- El romance es preferido por los poetas por su carácter abierto y su rima asonante. Esto les permitía más libertad en la composición.
- Los temas son variados: el paisaje estará presente junto con lo costumbrista y lo nacional. El paso del tiempo y el pasado tienen mucho interés entre los escritores románticos. La pasión, el amor, el temperamento... son algunos de los elementos fundamentales en esta literatura.

Algunos de sus representantes más significativos son Bécquer y Espronceda, en España, y Blake y Colerige en Inglaterra.

COMENTARIO DE TEXTOS

Texto 1: *El monte de las ánimas*

La noche de los difuntos me despertó a no sé qué hora el doble de las campanas. Su tañido monótono y eterno me trajo a las mientes esta tradición que oí hace poco en Soria.

Intenté dormir de nuevo. ¡Imposible! Una vez aguijoneada la imaginación es un caballo que se desboca y al que no sirve tirarle de la rienda. Por pasar el rato, me decidí a escribirla, como en efecto lo hice.

A las doce de la mañana, después de almorzar bien, y con un cigarro en la boca, no le hará mucho efecto a los lectores de El Contemporáneo. *Yo la oí en el mismo lugar en el que acaeció, y la he escrito volviendo algunas veces la cabeza con miedo, cuando sentía crujir los cristales de mi balcón, estremecidos por el aire frío de la noche.*

Sea de ella lo que quiera, allá va, como el caballo de copas.

I

– Atad los perros, haced la señal con las trompas para que se reúnan los cazadores y demos la vuelta a la ciudad. La noche se acerca, es día de todos los santos y estamos en el monte de las ánimas.

– ¡Tan pronto!

– A ser otro día, no dejar yo de concluir con ese rebaño de lobos que las nieves del Moncayo han arrojado de sus madrigueras; pero hoy es imposible. Dentro de poco sonará la oración de los Templarios, y las ánimas de los difuntos comenzarán a tañer su campana en la capilla del monte.

– ¡En esa capilla ruinosa! ¡Bah! ¿Quieres asustarme?

– No, hermosa prima. Tú ignoras cuanto sucede en este país, porque aun no hace un año que has venido a él desde muy lejos. Refrena tu yegua, yo también pondré la mía al paso, y mientras dure el camino te contaré esa historia.

Los pajes se reunieron en alegres y bulliciosos grupos. Los condes de Borges y de Alcudiel montaron en sus magníficos caballos, y todos juntos siguieron a sus hijos Beatriz y Alonso, que precedían la comitiva a bastante distancia.

Mientras duraba el camino, Alonso narró en estos términos la prometida historia:

—Ese monte que hoy llaman de las Ánimas pertenecía a los Templarios, cuyo convento ves allí, a la margen del río. Los Templarios eran guerreros y religiosos a la vez. Conquistada Soria a los árabes, el rey los hizo venir de lejanas tierras para defender la ciudad por la parte del puente, haciendo en ello notable agravio a sus nobles de Castilla, que así hubieran solos sabido defenderla como solos la conquistaron. Entre los caballeros de la nueva y poderosa orden y los hidalgos de la ciudad fermentó por algunos años, y estalló al fin, un odio profundo.

Los primeros tenían acotado ese monte, donde reservaban caza abundante para satisfacer sus necesidades y contribuir a sus placeres. Los segundos determinaron organizar una gran batida en el coto, a pesar de las severas prohibiciones de los clérigos con espuelas, como llamaban a sus enemigos. Cundió la voz del reto, y nada fue parte a detener a los unos en su manía de cazar y a los otros en su empeño de estorbarlo. La proyectada expedición se llevó a cabo. No se acordaron de ellas las fieras. Antes la tendrían presente tantas madres como arrastraron sendos lutos por sus hijos. Aquello no fue una cacería. Fue una batalla espantosa: el monte quedó sembrado de cadáveres. Los lobos, a quienes se quiso exterminar, tuvieron un sangriento festín. Por último, intervino la autoridad del rey: el monte, maldita ocasión de tantas desgracias, se declaró abandonado, y la capilla de los religiosos, situada en el mismo monte, y en cuyo atrio se enterraron juntos amigos y enemigos, comenzó a arruinarse. Desde entonces dicen que cuando llega la noche de los difuntos se oye doblar sola la campana de la capilla, y que las ánimas de los muertos envueltas en jirones de sus sudarios, corren como en una cacería fantástica por entre breñas y los zarzales. Los ciervos braman espantados, los lobos aúllan, las culebras dan horrorosos silbidos, y al otro día se han visto impresas en la nieve las huellas de los descarnados pies de los esqueletos. Por eso en Soria lo llamamos Monte de las Ánimas, y por eso he querido salir de él antes que cierre la noche.

La relación de Alonso y Beatriz concluyó justamente cuando los dos jóvenes llegaban al extremo del puente que da paso a la ciudad por aquel lado. Allí esperaron al resto de la comitiva, la cual, después de incorporársele los dos jinetes, se perdió entre las estrechas y oscuras calles de Soria.

II

Los servidores acababan de levantar los manteles; la alta chimenea gótica del palacio de los condes de Alcudiel despedía un vivo resplandor, iluminando algunos grupos de damas y caballeros que alrededor de la lumbre conversaban familiarmente, y el viento azotaba los emplomados vidrios de las ojivas del salón.

Solas dos personas parecían ajenas a la conversación general: Beatriz y Alonso. Beatriz seguía con los ojos, y absorta en un vago pensamiento, los caprichos de la llama. Alonso miraba el reflejo de la hoguera chispear en las azules pupilas de Beatriz.

Ambos guardaban hacía rato un profundo silencio.

Las dueñas se referían, a propósito de la noche de difuntos, cuentos temerosos, en que los espectros y los aparecidos representaban el principal papel; y las campanas de las iglesias de Soria doblaban a lo lejos con un tañido monótono y triste.

– Hermosa prima –exclamó al fin Alonso, rompiendo el largo silencio en que se encontraban–, pronto vamos a separarnos, tal vez para siempre; las áridas llanuras de Castilla, sus costumbres toscas y guerreras, sus hábitos sencillos y patriarcales, sé que no te gustan; te he oído suspirar varias veces, acaso por algún galán de tu lejano señorío.

Beatriz hizo un gesto de fría indiferencia: todo un carácter de mujer se reveló en aquella desdeñosa contracción de sus delgados labios.

– Tal vez por la pompa de la corte Francesa, donde hasta aquí has vivido –se apresuró a añadir el joven– de un modo o de otro, presiento que no tardaré en perderte... Al separarnos, quisiera que llevases una memoria mía...¿te acuerdas cuando fuimos al templo a dar gracias a Dios por haberte devuelto la salud que viniste a buscar a esta tierra? El joyel que sujetaba la pluma de mi gorra cautivó tu atención. ¡Qué hermoso estaría sujetando un velo sobre tu oscura cabellera! Ya ha prendido el de una desposada, mi padre se lo regaló a la que me dio el ser, y ella lo llevó la altar...¿lo quieres?

– No sé en el tuyo –contestó la hermosa–, pero en mi país una prenda recibida compromete a una voluntad. Solo en un día de ceremonia debe aceptarse un presente de manos de un deudo..., que aun puede ir a Roma sin volver con las manos vacías.

El acento helado con que Beatriz pronunció estas palabras turbó un momento al joven que, después de serenarse, dijo con tristeza:

– Lo sé, prima; pero hoy se celebran Todos los Santos, y el tuyo entre todos; hoy es día de ceremonias y presentes. ¿Quién quiere aceptar el mío?

Beatriz se mordió ligeramente los labios y extendió la mano para tomar la joya, sin añadir una palabra.

Los dos jóvenes volvieron a quedarse en silencio, y volvióse a oír la cascada voz de las viejas que hablaban de brujas y de trasgos, y el zumbido del aire que hacía crujir los vidrios de las ojivas, y el triste y monótono doblar de las campanas.

Al cabo de algunos minutos, el interrumpido diálogo tornó a anudarse de este modo:

– Y antes que concluya el día de todos los santos, en que así como el tuyo se celebra el mío, y puedes, sin atar tu voluntad dejarme un recuerdo, ¿no lo harás? –dijo él, clavando una mirada en la de su prima, que brilló como un relámpago, iluminada por un pensamiento diabólico.

– ¿Por qué no? –exclamó ésta, llevándose la mano al hombro derecho como para buscar alguna cosa entre los pliegues de su ancha manga de terciopelo bordado de oro. Después con una infantil expresión de sentimiento, añadió –¿te acuerdas de la banda azul que llevé hoy a la cacería, y que por no sé qué emblema de su color me dijiste que era la divisa de tu alma?

– Sí.

– Pues...¡se ha perdido! Se ha perdido y pensaba dejártela como un recuerdo.

– ¡Se ha perdido! ¿Y dónde? –preguntó Alonso, incorporándose de su asiento y con una indescriptible expresión de temor y esperanza.

– No sé...en el monte, acaso.

– ¡En el monte de las ánimas! –murmuró, palideciendo y dejándose caer sobre el sitial– ¡En el monte de las ánimas! –Luego prosiguió con voz entrecortada y sorda– Tú lo sabes, porque lo habrás oído mil veces. En la ciudad, en toda Castilla, me llaman el rey de los cazadores. No habiendo aun podido probar mis fuerzas en los combates, como mis ascendientes, he llevado a esa diversión, imagen de la guerra, todos los bríos de mi juventud, todo el ardor hereditario en mi raza. La alfombra que pisan tus pies son despojos de fieras que he muerto por mi mano. Yo conozco sus guaridas y sus costumbres, yo he combatido con ellas de día y de noche, a pie y a caballo, solo y en batida, y nadie dirá que he visto huir el peligro en ninguna ocasión. Otra noche volaría a por esa banda, y volaría gozoso como a una fiesta; y, sin embargo, esta noche... Esta noche, ¿a qué ocultártelo?, tengo miedo. ¿Oyes? Las campanas doblan, la oración ha sonado en San Juan del Duero. Las ánimas del monte comenzarán ahora a levantar sus amarillentos cráneos de entre las malezas que cubren sus fosas... ¡Las ánimas!, cuya

sola vista puede helar de horror la sangre del más valiente, tornar sus cabellos blancos o arrebatarle en el torbellino de su fantástica carrera una hoja que arrastra el viento sin que sepa adónde.

Mientras el joven hablaba, una sonrisa imperceptible se dibujó en los labios de Beatriz, que, cuando hubo concluido, exclamó en un tono indiferente y mientras atizaba el fuego del lugar, donde saltaba y crujía la leña, arrojando chispas de mil colores:

– ¡Oh eso de ningún modo! ¡Que locura! ¡Ir ahora al monte por semejante friolera! ¡Una noche tan oscura, noche de difuntos y cuajado el camino de lobos!

Al decir esta última frase la recargó de un modo tan especial, que Alonso no pudo menos que comprender toda su amarga ironía, movido como por un resorte se puso de pie, se pasó la mano por la frente, como para arrancarse el miedo que estaba en su cabeza y no en su corazón, y con voz firme exclamó, dirigiéndose a la hermosa, que estaba aún inclinada sobre el hogar entreteniéndose en revolver el fuego:

– Adiós Beatriz, adiós…Hasta pronto.

– ¡Alonso! ¡Alonso! –dijo ésta, volviéndose con rapidez; pero cuando quiso o aparentó querer detenerle, el joven había desaparecido.

A los pocos minutos se oyó el rumor de un caballo que se alejaba al galope. La hermosa, con una radiante expresión de orgullo satisfecho que coloreó sus mejillas, prestó atento oído a aquel rumor que se debilitaba, que se perdía, que se desvaneció por último.

Las viejas, en tanto, continuaban en sus cuentos de ánimas aparecidas; el aire zumbaba en los vidrios del balcón y las campanas de la ciudad doblaban a los lejos.

III

Había pasado una hora, dos, tres; la media noche estaba a punto de sonar, y Beatriz se retiró a su oratorio. Alonso no volvía, no volvía, cuando en menos de una hora pudiera haberlo hecho.

– ¡Habrá tenido miedo! –exclamó la joven cerrando su libro de oraciones y encaminándose a su lecho, después de haber intentado inútilmente murmurar algunos de los rezos que la iglesia consagra en el día de difuntos a los que ya no existen.

Después de haber apagado la lámpara y cruzado las dobles cortinas de seda, se durmió; se durmió con un sueño inquieto, ligero, nervioso.

Las doce sonaron en el reloj del Postigo. Beatriz oyó entre sueños las vibraciones de la campana, lentas, sordas, tristísimas, y entreabrió los ojos. Creía haber oído a la par de ellas pronunciar su nombre; pero lejos, muy lejos, y por una voz ahogada y doliente. El viento gemía en los vidrios de la ventana.

– Será el viento –dijo–; y poniéndose la mano sobre el corazón, procuró tranquilizarse. Pero su corazón latía cada vez con más violencia. Las puertas de alerce del oratorio habían crujido sobre sus goznes, con un chirrido agudo prolongado y estridente.

Primero unas y luego otras más cercanas, todas las puertas que daban paso a su habitación iban sonando por su orden, éstas con un ruido sordo y grave, aquéllas con un lamento largo y crispador. Después silencio, un silencio lleno de rumores extraños, el silencio de la media noche, con un murmullo monótono de agua distante; lejanos ladridos de perros, voces confusas, palabras ininteligibles; ecos de pasos que van y vienen, crujir de ropas que se arrastran, suspiros que se ahogan, respiraciones fatigosas que casi se sienten, estremecimientos involuntarios que anuncian la presencia de algo que no se ve y cuya aproximación se nota no obstante en la oscuridad.

Beatriz, inmóvil, temblorosa, adelantó la cabeza fuera de las cortinillas y escuchó un momento. Oía mil ruidos diversos; se pasaba la mano por la frente, tornaba a escuchar: nada, silencio.

Veía, con esa fosforescencia de la pupila en las crisis nerviosas, como bultos que se movían en todas la direcciones; y cuando dilatándolas las fijaba en un punto, nada, oscuridad, las sombras impenetrables.

– ¡Bah! –exclamó, volviendo a recostar su hermosa cabeza sobre la almohada de raso azul del lecho– ¿soy yo miedosa como esas pobres gentes, cuyo corazón palpita de terror bajo una armadura, al oír una conseja de aparecidos?

Y cerrando los ojos intentó dormir...; pero en vano había hecho un esfuerzo sobre sí misma. Pronto volvió a incorporarse más pálida, más inquieta, más aterrada. Ya no era una ilusión: las colgaduras de brocado de la puerta habían rozado al separarse, y unas pisadas lentas sonaban sobre la alfombra; el rumor de aquellas pisadas era sordo, casi imperceptible, pero continuado, y a su compás se oía crujir una cosa como madera o hueso. Y se acercaban, se acercaban y se movió el reclinatorio que estaba a la orilla de su lecho. Beatriz lanzó un grito agudo, y arrebujándose en la ropa que la cubría, escondió la cabeza y contuvo el aliento.

El aire azotaba los vidrios del balcón; el agua de la fuente lejana caía y caía con un rumor eterno y monótono; los ladridos de los perros se dilataban en las ráfagas de aire, y las campanas de la ciudad de Soria, unas cerca, otras distantes, doblan tristemente por las ánimas de los difuntos.

Así pasó una hora, dos, la noche, un siglo, porque la noche aquella pareció eterna a Beatriz. Al fin despuntó la aurora: vuelta de su temor, entreabrió los ojos a los primeros rayos de la luz. Después de una noche de insomnio y de terrores, ¡es tan hermosa la luz clara y blanca del día! Separó las cortinas de seda del lecho, y ya se disponía a reírse de sus temores pasados, cuando de repente un sudor frío cubrió su cuerpo, sus ojos se desencajaron y una palidez mortal descoloró sus mejillas: sobre el reclinatorio había visto sangrienta y desgarrada la banda azul que perdiera en el monte, la banda azul que fue a buscar Alonso.

Cuando sus servidores llegaron despavoridos a noticiarle la muerte del primogénito de Alcudiel, que mañana había aparecido devorado por los lobos entre las malezas de Monte de las Ánimas, la encontraron inmóvil, crispada, asida con ambas manos a una de las columnas de ébano del lecho, desencajados los ojos, entreabierta la boca; blancos los labios, rígidos los miembros, muerta; ¡muerta de horror!

IV

Dicen que después de acaecido este suceso, un cazador extraviado que pasó la noche de difuntos sin poder salir del Monte de las Ánimas, y que al otro día, antes de morir, pudo contar lo que viera, refirió cosas horribles. Entre otras, asegura que vio a los esqueletos de los antiguos templarios y de los nobles de Soria enterrados en el atrio de la capilla levantarse al punto de la oración con un estrépito horrible, y, caballeros sobre osamentas de corceles, perseguir como a una fiera a una mujer hermosa, pálida y desmelenada, que con los pies desnudos y sangrientos, y arrojando gritos de horror, daba vueltas alrededor de la tumba de Alonso.

Comentario texto 1: *El monte de las ánimas*

Gustavo Adolfo Bécquer nació en Sevilla el 17 de febrero de 1836. Su padre era pintor y el mismo se aficionó a la pintura. Se enamora de Julia Espín, a quien dedica alguna de sus rimas. Más tarde se casa con Casta Esteban, pero su matrimonio fracasa. En 1870 enferma debido a un enfriamiento y muere.

Su obra es extensa, cultivó todos los géneros literarios. Destacamos en su producción *Rimas y Leyendas*. *Las Rimas* son composiciones poéticas en las que trata distintos temas: la poesía, el amor, el desengaño, la muerte….

Las Leyendas son un gran ejemplo de prosa fantástica, propia del Romanticismo.

El monte de las ánimas correspondería a una de sus leyendas.

El texto está dividido en cuatro partes señaladas: tres escenas distintas y la cuarta que es el epílogo.

La parte primera no está numerada y funciona como preámbulo. En ella se cuenta la situación del narrador, situación desde la que se va a narrar la leyenda.

La leyenda comienza contando una vivencia del narrador que despierta el recuerdo de otra. La noche de los difuntos y el sonar de las campanas han dado lugar a la creación de la leyenda.

El tema que se plantea en la leyenda es el amor y el desamor: el enfrentamiento del amante frente al rechazo de la amada. Beatriz, para probar el amor de Alonso, lo manda al monte de las ánimas a por su banda. Ambos encontrarán la muerte: Alonso en el monte y Beatriz en su casa.

Alonso se muestra como un joven enamorado y entregado a su amada; Beatriz, en cambio, se muestra fría e ingrata.

Durante la leyenda se van sucediendo distintos elementos propios de la prosa fantástica romántica: la noche, las campanas, el monte de las ánimas… todos estos elementos contribuyen a crear un clima de miedo y de tensión.

Las campanas, por ejemplo, van marcando el paso del tiempo y se suceden durante toda la leyenda. Es un elemento repetitivo que adelanta el final trágico.

El cronotopos viene bien marcado desde el principio:
— La leyenda se desarrolla en Soria, pero aparecen dos espacios: el espacio exterior sería el monte de las ánimas y el interior el palacio donde se alojan los protagonistas.
— El tiempo es la noche de los difuntos. Pero aparecen varios tiempos distintos: el de los Templarios, el de Beatriz y Alonso y el del narrador.

Los personajes podemos dividirlos en dos grupos:

— Personajes del más allá: serían los Templarios.
— Personajes de más acá: Alonso y Beatriz

El caballo que lleva a Alonso al monte sería el transporte temporal entre los dos mundos.

Es importante destacar la parte IV. Esta va introducida por un *"Dicen"*, que la separa del resto de la obra. Aquí se ve el castigo de Beatriz, un castigo atemporal, eterno: dar vueltas sobre la tumba de Alonso perseguida por los templarios. Beatriz se ve en la obra como una mujer sin sentimientos e incluso con algún componente diabólico. Esta actitud que tiene con Alonso se vuelve contra ella al final de la leyenda.

El estilo que utiliza Bécquer es sencillo, el lenguaje es claro y conciso. Bécquer se aleja de toda complicación lingüística para escribir su leyenda. La finalidad de la obra es el entretenimiento.

Como conclusión, podemos decir que en *El monte de las ánimas* quedan recogidas de forma contundente las características de la prosa fantástica del Romanticismo; los elementos propios del miedo se van sucediendo provocando en el lector distintas sensaciones que no lo dejan indiferente.

Bécquer consigue mantener la tensión y el interés de los lectores a través de un estilo simple pero cuidado.

Texto 2: *Don Juan Tenorio*

DOÑA INÉS. *¡Don Juan!, ¡Don Juan!, yo te imploro*
de tu hidalga compasión:
o arráncame el corazón,
o ámame, porque te adoro.

DON JUAN. *¡Alma mía! Esa palabra*
cambia de modo mi ser,
que alcanzo que puede hacer
hasta que el Edén se me abra.
No es, doña Inés, Satanás
quien pone este amor en mí:
Es Dios, que quiere por ti
ganarme para él, quizás.
No, el amor que hoy se atesora

en mi corazón mortal,
no es un amor terrenal
como el que sentí hasta ahora;
no es esa chispa fugaz
que cualquier ráfaga apaga;
es incendio que se traga
cuanto ve, inmenso, voraz.

Comentario de texto 2: *Don Juan Tenorio*

José Zorrilla nació en Valladolid en 1817, pero más tarde marchó a Madrid con su familia donde ingresó en el Seminario de Nobles. Se casó en dos ocasiones y gozó de gran fama y popularidad. Murió en Madrid en 1893 tras una intervención quirúrgica para extraerle un tumor cerebral.

Respecto a su producción literaria hay que destacar que cultivó todos los géneros, pero es su obra Don Juan Tenorio la que le dio más fama, convirtiéndose en el drama más emblemático del romanticismo.

Pero antes de hablar del fragmento en concreto, es imprescindible comentar el "mito del Don Juan".

Tirso de Molina, en su obra *El burlador de Sevilla*, ya tomó como protagonista a un personaje con las características de Don Juan: amoral, libertino, conquistador… este podríamos decir que es el predecesor del Don Juan de Zorrilla. Lo cierto es que el tema del Don Juan es un tema legendario en la literatura europea: el *Don Giovanni* de Mozart, el *Don Juan* de Moliere o el de Lord Byron, son prueba de ello.

Pero hay una cosa que distingue al *Don Juan* de Zorrilla: este seductor ya no se condena, sino que se redime gracias al amor de Doña Inés.

Es éste el tema que trata el fragmento que proponemos, perteneciente a la primera parte del acto IV (escena III). En este pasaje, Don Juan ya ha conquistado el amor de Doña Inés, pero ésta no va a ser una más de sus conquistas, sino que resulta diferente. Don Juan piensa que Dios ha puesto este amor en él para salvarlo:

"no es, Doña Inés, Satanás
quien pone este amor en mí:
es Dios que quiere por ti
ganarme para él, quizá."

Esto se plantea como una lucha entre el cielo y el infierno; la antítesis Satanás-Dios, da muestra de ello. El comportamiento del protagonista a lo largo de la obra lo hubiera llevado a la condena segura, pero el amor de Doña Inés lo ha salvado.

El título del acto es *El diablo a las puertas del cielo;* este título refleja de forma muy gráfica lo que hemos venido diciendo.

La intervención de Doña Inés es contundente cuando muestra sus sentimientos: es muy radical exponiendo lo que siente hacia Don Juan:

"o arráncame el corazón,
o ámame, porque te adoro"

Esta hipérbole metafórica refleja de forma clara que es lo que ha despertado Don Juan en Doña Inés.

Don Juan en su intervención también habla de sus sentimientos: el amor que siente es distinto a lo que ha sentido antes, no es un amor terrenal. Es muy característica la metáfora que emplea para definirlo:

"No es esa chispa fugaz
que cualquier ráfaga apaga;
es incendio que se traga
cuanto ve, inmenso, voraz"

Se habla en la obra y en el fragmento de distintos tipos de amor: el amor que ha sentido siempre Don Juan hacia las mujeres y el que siente ahora por Doña Inés, el amor de Doña Inés por Don Juan y el amor de Dios. Este último es el que le muestra Dios a Don Juan queriéndolo salvar del infierno al que él mismo se ha condenado.

Respecto a la métrica, podemos ver que el fragmento está compuesto por versos octosílabos con rima asonante. El léxico es sencillo, claro y preciso. La lectura del texto no supone ninguna complicación.

Como conclusión, acabamos diciendo que en la obra aparecen temas propios del Romanticismo como es el del amor-pasión, la muerte y el más allá. Apoyado en un tema legendario, como ya hemos dicho, Zorrilla nos presenta una historia atemporal, que ha sabido estar de actualidad a lo largo de los siglos.

TEXTOS DEL ROMANTICISMO PARA COMENTAR

Texto 1: *Rima XLI de Bécquer*

Tú eras el huracán y yo la alta
torre que desafía su poder:
¡tenías que estrellarte o que abatirme!
¡no pudo ser!

Tú eras el océano y yo la enhiesta
roca que firme aguarda su vaivén:
¡tenías que romperte o que arrancarme!
¡no pudo ser!

Hermosa tú, yo altivo: acostumbrados
uno a arrollar, el otro a no ceder:
¡no pudo ser!

Texto 2: *Rosalía de Castro*

Dicen que no hablan las plantas, ni las fuentes, ni los pájaros,
Ni el onda con sus rumores, ni con su brillo los astros:
Lo dicen, pero no es cierto, pues siempre cuando yo paso
De mí murmuran y exclaman:
   Ahí va la loca, soñando
   Con la eterna primavera de la vida y de los campos,
   Y ya bien pronto, bien pronto, tendrá los cabellos canos,
   Y ve temblando, aterida, que cubre la escarcha el prado.
Hay canas en mi cabeza, hay en los prados escarcha;
Mas yo prosigo soñando, pobre, incurable sonámbula,
Y la perenne frescura de los campos y las almas,
Aunque los unos se agostan y aunque las otras se abrasan.

Astros y fuentes y flores, no murmuréis de mis sueños,
Sin ellos, ¿cómo admiraros, ni cómo vivir sin ellos?

REALISMO (SIGLO XIX)

El realismo literario tiene su origen en un concepto filosófico. Ya en la antigüedad clásica había existido una tendencia a imitar la realidad de forma objetiva. Antes de reflejarse en la literatura, el realismo triunfó en la pintura de la mano de Courbert. Más tarde llegó a la literatura como un rechazo al idealismo anterior. Encontramos en Stendhal y Balzac a los padres del realismo contemporáneo. Con ellos se inició el movimiento pero será con la publicación de la obra *Madame Bovary* (1856), de Gustave Flaubert, cuando triunfe.

La literatura realista encontró en la novela el mejor medio para reflejar la realidad. Este género literario será el género del momento, basado en el costumbrismo y en la atención a la realidad social.

Las características de esta novela son:
— Debe reflejar de manera objetiva la realidad del momento. La observación será fundamental para ello.
— La ciudad y el campo son ambientes habituales para el desarrollo de las acciones.
— Los personajes suelen ser complejos, tienen una psicología complicada.
— El diálogo es muy característico en estas novelas.
— Se potencia la técnica descriptiva. Aumenta la adjetivación.
— El estilo es sobrio y claro. Cada personaje habla según a la clase social a la que pertenece.

Los grandes representantes de la novela realista en España serán Leopoldo Alas Clarín y Benito Pérez Galdós, con obras como *La Regenta* o *Fortunata y Jacinta*, respectivamente.

También existió una corriente poética dentro del Realismo conocida como Parnasianismo. Charles Baudelaire fue su máximo representante. En este tipo de poesía se deben contener los sentimientos ante la realidad. Es una poesía descriptiva y objetiva.

Dentro de este movimiento surge el **Naturalismo** como una tendencia más radical dentro del Realismo. Esta corriente llega de la mano de Émile Zola, que intenta aplicar la metodología científica a la novela. Así, aparece lo que se conoce como "novela experimental". El novelista se convierte en científico y la novela en un documento. En España destaca la figura de Emilia Pardo Bazán y su obra *Los pazos de Ulloa*.

COMENTARIO DE TEXTOS

Texto 1: *La Regenta*

Con Octubre muere en Vetusta el buen tiempo. Al mediar Noviembre suele lucir el sol una semana, pero como si fuera ya otro sol, que tiene prisa y hace sus visitas de despedida preocupado con los preparativos del viaje del invierno. Puede decirse que es una ironía de buen tiempo lo que se llama el veranillo de San Martín. Los vetustenses no se fían de aquellos halagos de luz y calor y se abrigan y buscan su manera peculiar de pasar la vida a nado durante la estación odiosa que se prolonga hasta fines de Abril próximamente. Son anfibios que se preparan a vivir debajo de agua la temporada que su destino les condena a este elemento. Unos protestan todos los años haciéndose de nuevas y diciendo: ¡pero ve usted que tiempo! Otros, más filósofos, se consuelan pensando que a las muchas lluvias se debe la fertilidad y hermosura del suelo.<O el cielo o el suelo, todo no puede ser>.

Ana Ozores no era de los que se resignaban. Todos los años, al oír las campanas doblar tristemente el día de los santos, por la tarde, sentía una angustia nerviosa que encontraba pábulo en los objetos exteriores, y sobre todo en la perspectiva ideal de un invierno, de otro invierno húmedo, monótono, interminable, que empezaba con el clamor de aquellos bronces.

Aquel año la tristeza había aparecido a la hora de siempre.

Estaba Ana sola en el comedor. Sobre la mesa quedaban la cafetera de estaño, la taza y la copa en que había tomado café Don Víctor, que ya estaba en el casino jugando al ajedrez. Sobre el platillo de la taza yacía medio puro apagado, cuya ceniza formaba repugnante amasijo impregnado del café frío derramado. Todo esto miraba la Regenta con pena, como si fuesen ruinas de un mundo. La insignificancia de aquellos objetos que contemplaba le partía el alma; se le figuraba que eran símbolo del universo, que era así, ceniza, frialdad, un cigarro abandonado a la mitad por el hastío del fumador. Además, pensaba en el marido incapaz de fumar un puro entero y de querer por entero una mujer. Ella era también aquel cigarro, una cosa que no había servido para uno y que ya no podía servir para otro.

Todas estas locuras las pensaba, sin querer, con mucha formalidad. Las campanas comenzaron a sonar con la terrible promesa de no callarse en toda la tarde ni en toda la noche. Ana se estremeció. Aquellos martillazos estaban destinados a ella; aquella maldad impune, irresponsable, mecánica del bronce repercutiendo con tenacidad irritante, sin por qué ni para qué, sólo por la razón universal de molestar, creíala descargada sobre su cabeza. No eran "fúnebres lamentos", las campanadas como decía Trifón Cármenes en aquellos versos del Lábaro del día, que la doncella acababa de poner sobre el regazo de su ama; no eran fúnebres lamentos, no hablaban de los muertos, sino de la tristeza de los vivos, del letargo de todo; ¡tan, tan, tan! ¡cuántos!¡cuántos! ¡y los que faltaban! ¿Qué contaban aquellos tañidos? Tal vez las gotas de lluvia que iban a caer en aquel otro invierno.

La Regenta quiso distraerse, olvidar el ruido inexorable, y miró El Lábaro. Venía con orla de luto. El primer fondo, que, sin saber lo que hacía, comenzó a leer, hablaba de la brevedad de la existencia y de los acendrados sentimientos católicos de la redacción. ¿Qué eran los placeres de este mundo? ¿Qué la gloria, la riqueza, el amor? En opinión del articulista, nada; palabras, palabras, palabras, como había dicho Shakespeare. Sólo la virtud era cosa sólida. En este mundo no había que buscar la felicidad, la tierra no era el centro de las almas decididamente. Por todo lo cual lo más acertado era morirse; y así, el redactor, que había comenzado comentando "lo solos que se quedaban los muertos", concluía por envidiar su buena suerte. Ellos ya sabían lo que había más allá, ya habían resuelto el gran problema de Hamlet: to be or not to be. ¿Qué era el mas allá? Misterio. De todos modos el articulista deseaba a los difuntos el descanso y la gloria eterna. Y firmaba: "Trifón Cármenes". Todas aquellas necedades ensartadas en lugares comunes; aquella retórica fiambre, sin pizca de sinceridad, aumentó la tristeza de la Regenta; esto era peor que las campanas, más mecánico, más fatal; era la fatalidad de la estupidez; y también ¡que triste era ver ideas grandes, tal vez ciertas, y frases, en su original sublimes, allí manoseadas, pisoteadas y por milagros de la necedad convertidas en materia liviana, en lodo de vulgaridad y manchadas por las inmundicias de los tontos! ¡Aquello era también un símbolo del mundo; las cosas grandes, las ideas puras y bellas, andaban confundidas con la prosa y la falsedad y la maldad, y no había modo de separarlas! Después Cármenes se presentaba en el cementerio y cantaba una elegía de tres columnas, en tercetos entreverados de silva. Ana veía los renglones desiguales como si estuvieran en chino; sin saber por qué, no podía leer; no entendía nada; aunque la inercia la obligaba a pasar por allí los ojos, la atención retrocedía, y tres veces leyó los cinco primeros versos, sin saber lo que querían decir... Y de repente recordó que *ella también había escrito versos, y pensó que podían ser muy malos también. ¿Si habría sido ella una Trifona? Probablemente.*

¡Y que desconsolador era tener que echar sobre sí misma el desdén que mereciera todo! ¡Y con qué entusiasmo había escrito muchas de aquellas poesías religiosas, místicas, que ahora le parecían amaneradas, rapsodias serviles de Fray Luís de León y San Juan de la Cruz! Y lo peor no era que los versos fueran malos, insignificantes, vulgares, vacíos... ¿y los sentimientos que los había inspirado? ¿aquella piedad lírica? ¿Había valido algo? No mucho cuando ahora, a pesar de los esfuerzos que hacía por volver a sentir una reacción de religiosidad... ¿si en el fondo no sería ella más que una literata vergonzante a pesar de no escribir ya versos ni prosa? ¡Si, sí, le había quedado el espíritu falso, torcido de la poetisa, que por algo el buen sentido vulgar desprecia!

Como otras veces, Ana fue tan lejos en este vejamen de sí misma, que la exageración la obligó a retroceder y no paró hasta echar la culpa de todos sus males a Vetusta, a sus tías, a D. Víctor, a Frígilis; y concluyó por tenerse aquella lástima tierna y profunda que la hacía tan indulgente a ratos para con los propios defectos y culpas.

Se asomó al balcón. Por la plaza pasaba todo el vecindario de la Encimada camino del cementerio, que estaba hacia el Oeste, más allá del Espolón sobre un cerro. Llevaban los vetustenses los trajes de cristianar; criadas, nodrizas, soldados y enjambres de chiquillos eran la mayoría de los transeúntes; hablaban a gritos, gesticulaban alegres; de fijo no pensaban en los muertos. Niños y mujeres del pueblo pasaban también, cargados de coronas fúnebres baratas, de cirios flacos y otros adornos de sepultura. De vez en cuando un lacayo de librea, un mozo de cordel atravesaban la plaza abrumados por el peso de colosal corona de siemprevivas, de blandones como columnas, y catafalcos portátiles. Era el luto oficial de los ricos que sin ánimo o tiempo para visitar a sus muertos les mandaban aquella especie de besa-la-mano. Las "personas decentes" no llegaban al cementerio; las señoritas emperifolladas no tenían valor para entrar allí y se quedaban en el Espolón paseando, luciendo los trapos y dejándose ver, como los demás días del año. Tampoco se acordaban de los difuntos; pero lo disimulaban; los trajes eran oscuros, las conversaciones menos estrepitosas que de costumbre, el gesto algo más compuesto... Se paseaba en el Espolón como se está en una visita de duelo en los momentos en los que no está delante ningún pariente cercano del difunto. Reinaba una especie de discre-

ta alegría contenida. Si en algo se pensaba alusivo a la solemnidad del día era en la ventaja positiva de no contarse entre los muertos. Al más filósofo vetustense se le ocurría que no somos nada, que muchos de sus conciudadanos que se paseaban tan tranquilos, estarían el año que viene con los otros; cualquiera menos él.

Ana aquella tarde aborrecía más que otros días a los vetustenses; aquellas costumbres tradicionales, respetadas sin conciencia de lo que se hacía, sin fe ni entusiasmo, repetidas con mecánica igualdad como el rítmico volver de las frases o los gestos de un loco; aquella tristeza ambiente que no tenía grandeza, que no se refería a la suerte incierta de los muertos, sino al aburrimiento seguro de los vivos, se le ponían a la Regenta sobre su corazón, y hasta creía sentir la atmósfera cargada de hastío, de un hastío sin remedio, eterno. Si ella contara lo que sentía a cualquier vetustense, la llamaría romántica; a su marido no había que mentarle semejantes penas: en seguida se alborotaba y hablaba de régimen, y de programa y de cambiar de vida. Todo menos apiadarse de los nervios o de lo que fuera.

Comentario texto 1: *La Regenta*

Leopoldo Alas Clarín nació en Zamora en 1852, aunque vivió la mayor parte de su vida en Oviedo. Fue catedrático de derecho en dicha universidad. Murió en 1901 tras una larga enfermedad.

Su obra *La Regenta* se publicó en 1884 y 1885, en dos tomos y fue, sin duda, su gran éxito literario. En la línea de *Madame Bovary*, la obra cuenta la historia de Ana Ozores, una chica de provincias que se casa con Víctor Quintanar, antiguo regente de Vetusta. Víctor es un hombre mucho mayor que Ana, con dinero y prestigio, pero Ana no está enamorada de él. Aburrida de la relación con su marido, Ana cae en los brazos de Don Álvaro Mesía, un don Juan de Vetusta que se ha apostado conseguir que Ana se enamore de él. En medio de este trío aparece Fermín de Pas, sacerdote y confesor de Ana. Éste se enamorará también de la Regenta y se convertirá en el rival de Álvaro Mesía. Al final de la obra se produce una degradación de todos los protagonistas: Víctor encuentra la muerte en un duelo absurdo, Álvaro huye de Vetusta por su comportamiento y Ana aparece como una mujer vencida y humillada.

Los personajes principales son cuatro, aunque los secundarios juegan un papel fundamental y son descritos por Clarín de forma minuciosa:

— Ana Ozores: joven, bella e inexperta. Se casa con Víctor para complacer a sus tías.
— Víctor Quintanar: ex-regente de la ciudad. Es un hombre bueno pero aburrido. Es mucho mayor que Ana y no puede complacerla.
— Álvaro Mesía: es el prototipo del don Juan, que intenta de todos modos que Ana caiga en sus brazos.
— Don Fermín: este sacerdote se muestra en la novela como un hombre soberbio y ambicioso.

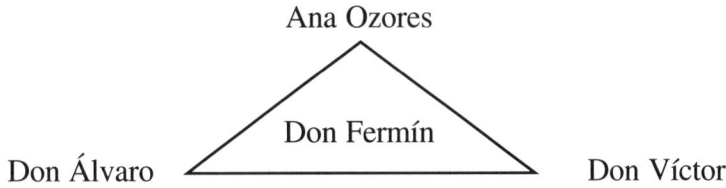

Este fragmento corresponde al capítulo XVI de la obra; en él vemos cómo se siente Ana, qué es lo que piensa y cuál es su compleja psicología.

El tema del fragmento es el conflicto entre Ana y la sociedad. Ana se siente sola frente a un mundo que no entiende, un mundo que parece estar contra ella. El mundo de Ana es gris, el hastío en el que vive le lleva a odiar a los habitantes de Vetusta:

"Ana aquella tarde aborrecía más que nunca a los Vetustenses"

Durante el fragmento aparece un elemento que se repite: las campanas. Éstas van marcando el paso del tiempo desde el principio del fragmento. El sonar de las campanas molesta mucho a Ana, que ve pasar el tiempo y su vida sigue igual. Ana experimenta lo que en filosofía se conoce como muerte ontológica o muerte del ser. La protagonista no encuentra sentido a su vida, cree que la única vía de escape es Don Álvaro, pero se dará cuenta más tarde que no es así.

Ana se degrada así misma en el fragmento. Los objetos que contempla en el comedor los describe como si fueran las ruinas de su propio mundo: el puro, los restos de café... es muy significativa la comparación que Ana hace entre el puro y ella misma:

"...Pensaba en el marido incapaz de fumar un puro entero y de querer por entero a una mujer. Ella era también como aquel cigarro, una cosa que no había servido para uno y que ya no podía servir para otro".

Esto sería el resumen de cómo se siente Ana: insatisfecha como mujer y sola como persona en un mundo hostil.

El cronotopos del fragmento viene muy bien marcado:

— El tiempo: es el día de todos los santos, 1 de Noviembre. La muerte también viene marcada por el tiempo en este fragmento, ya que en el día de los santos recordamos a todos los fallecidos.
— El espacio: la acción transcurre en Vetusta (que por las descripciones podemos pensar que es Oviedo), en concreto en el salón de la casa de Ana. El balcón al que Ana se asoma es el punto de unión entre el espacio interior y el exterior (su casa y Vetusta); podemos decir que el balcón es la unión de Ana y la sociedad que tanto detesta.

Como ya hemos comentado, la psicología de la protagonista es muy compleja. Ana se siente esclava de su matrimonio y de una sociedad farisea en la que solo hay mentiras. Es esta hipocresía la que Ana critica. La degradación que hace de sí misma es la misma que hace de la sociedad:

"son anfibios que se preparan a vivir debajo del agua"

Con esta metáfora, Ana ridiculiza la sociedad vetustense. Pero es en la última parte del fragmento donde la protagonista critica duramente a las gentes de Vetusta. También aquí, Ana dice algo importante:

"...si ella contara lo que sentía a cualquier vetustense, la llamaría romántica; a su marido no había que contarle semejantes penas: en seguida se alborotaba y hablaba de régimen...."

Así acaba el fragmento; está claro que Ana no puede compartir lo que siente con nadie, ella está condenada a vivir su angustia en soledad ya que sus problemas, su mundo interior, solo lo entiende ella.

El fragmento supone un rechazo contra el idealismo romántico. A través del comportamiento de Ana se critica el sentimentalismo de la etapa anterior para centrarse en los problemas reales de la gente real.

Con esta obra, Clarín, critica los vicios de la sociedad, las mentiras y las hipocresías que se dan en las clases altas. También plantea problemas reales como el adulterio y existenciales como lo que siente la protagonista.

El estilo es impecable; alejado de toda complicación, Clarín utiliza un léxico sencillo y preciso, adecuando a cada personaje una forma de hablar característica de su condición social.

TEXTOS DEL REALISMO PARA COMENTAR

Texto 1: *Fortunata y Jacinta*

Ya de noche pasó Fortunata a su casa. Su marido no había llegado aún. Mientras le esperaba, la pecadora volvió a ver el espectro aquel de su perversidad; pero entonces le vio más claro, y no pudo tan fácilmente hacerle huir de su espíritu. "me han engañado –pensaba–, me han llevado al casorio, como llevan una res al matadero, y cuando quise recordar, ya estaba degollada...".

¿Qué culpa tengo yo? La casa estaba a oscuras y encendió la luz. Al arrojar la cerilla en el suelo, esta cayó encendida, y Fortunata la miró con vivo interés, recordando una de las supersticiones que le habían enseñado en su juventud. "Cuando la cerilla cae prendida –se dijo– y con la llama vuelta para una, buena suerte."

Maxi entró cansado y meditabundo; pero al ver a su mujer se puso alegre. ¡Todo un día sin verla! Le había traído un paquete de rosquillas. ¿Y Juan Pablo? Al fin se arreglaría todo. Seguramente no iba a las islas Marianas, pero quizás le tendrían en el Saladero quince o veinte días. "Y merecido, hija. ¿Para qué se mete a buscarle el pelo al huevo?".

Mientras comieron, Fortunata contemplaba a su marido, más que en la realidad, en sí misma, y de este examen surgía un tedio abrumador, y la antipatía de marras, pero tan agrandada, tanto, que ya no cabía más. Y la perversa no trató de combatir aquel sentimiento; se recreaba en él como en una monstruosidad que tiene algo de seduc

Capítulo VII, apartado VII.

EL SIGLO XX

El contexto cultural

Para empezar a hablar de siglo XX, debemos señalar una fecha clave: 1898. En este año, España es derrotada por los EE.UU y pierde Cuba, Puerto Rico y Filipinas. Por tanto, nuestro país deja de ser definitivamente el gran imperio que fue y esto calará profundamente en la sociedad de la época, que vivirá una crisis sin precedentes. La filosofía y la literatura tendrán en los primeros años del siglo XX un papel fundamental.

Pero sin duda habrá dos hechos históricos que marquen el rumbo de la historia y ante los que nadie quedó indiferentes: las guerras mundiales.

La primera guerra mundial en 1914 y, sobre todo, la segunda en 1939, calaron profundamente en el hombre del siglo XX.

España estuvo al margen de ambas pero vivió una guerra civil, entre 1936 y 1939, que acabó con la instauración de un sistema dictatorial dirigido por el general Francisco Franco.

En el resto de Europa se suceden también distintos regímenes totalitarios como el de Adolf Hitler en Alemania o el de Benito Mussolini en Italia.

Pero, como ya hemos dicho, el desastre más grave jamás vivido por la humanidad va a ser la segunda Guerra Mundial, que enfrentó a dos bloques: los aliados, liderados por Francia y Gran Bretaña, y las potencias del eje, liderados por Alemania e Italia. Algunas de las causas de la guerra fueron la política imperialista de Alemania o de Japón, así como la aparición de las ideologías totalitarias, el auge del militarismo y las secuelas de la crisis vivida en 1929. Las consecuencias de la guerra fueron terribles: 55 millones de muertos, 70 millones de heridos y economías destrozadas en los países afectados.

Tras finalizar la guerra, los países empezaron una etapa de recuperación económica y para evitar futuros conflictos como el vivido crearon la organización para las naciones unidas (ONU), que luchará desde entonces por defender la paz y los derechos humanos.

El mundo, tras la guerra, siguió dividido en bloques con posturas ideológicas distintas: el capitalista, liderado por EE.UU, y el comunista, liderado por la URSS. Este período de tensiones se conoce como guerra fría.

Volviendo a nuestro país, la dictadura de Franco acaba con su muerte en 1975, año en el que comienza la transición política hacia la democracia.

Durante el siglo XX se suceden diferentes movimientos artísticos como el Impresionismo, el Modernismo o las Vanguardias. Todos ellos con espléndidas realizaciones en pintura, arquitectura, escultura y literatura.

La literatura del siglo XX

Es imposible entender la literatura del siglo XX sin hablar de filosofía. Pensadores como Nietzsche, Schopenhauer o Kierkegaard influyeron de manera decisiva en algunos autores de principios de siglo y sus teorías serán una constante en la literatura posterior.

Desde la Edad Media hemos ido hablando de cómo la sociedad ha ido evolucionando ideológicamente: decíamos que la sociedad teocentrista del medievo cambió con la llegada del Renacimiento; el hombre del XVI era menos religioso y se dejó llevar por las corrientes antropocentristas que lo situaron como centro del universo.

Pues bien, hasta el siglo XVI la literatura y la filosofía iban de la mano; llegados a este punto, se separan. Las corrientes filosóficas desde entonces irán radicalizándose, pasando por el racionalismo, el positivismo… etc, hasta llegar al siglo XX, en el que aparece (ya desde el XIX) el existencialismo. Esta corriente de pensamiento trata los temas propios de la condición humana: el sentido de la existencia, la muerte, el tiempo, la libertad… La idea de la muerte aterra al hombre desde tiempos ancestrales, pero es ahora donde se ve con más claridad. Podríamos citar a multitud de personajes de obras literarias que sufren este miedo. La muerte ontológica de la que ya hemos hablado hará la psicología de algunos personajes aún más compleja.

La angustia que suponen todos estos temas en el hombre quedará reflejada en la literatura. El hombre del siglo XX será un hombre nihilista y pragmático, que ha perdido la confianza en sí mismo, en la vida y en Dios. Las dos guerras mundiales han tenido mucho que ver en esto; han hecho que el hombre sea testigo de la barbarie y que nadie le dé respuestas a tantos interrogantes como se plantea. Esto precisamente es lo que tratan posturas como la existencialista, dar respuestas a los interrogantes del hombre. Los escritores de esta época manifestarán abiertamente su agnosticismo, su ateísmo o su antiteísmo. Bien es cierto que algunos escritores seguirán conservando su fe.

Podemos decir que la literatura del siglo XX es bastante compleja, ya que se sucederán con rapidez distintos movimientos literarios con características distintas; a esto hay que sumarle que, durante el primer tercio del siglo XX, muchos escritores realistas seguirán vivos y publicando obras literarias.

Todos los géneros literarios serán cultivados por los escritores del siglo XX, pero muchos encontrarán en la novela el mejor vehículo para expresar sus ideas.

LA GENERACIÓN DEL 98

Tomó este nombre de un acontecimiento histórico: la pérdida de las colonias que le quedaban al imperio Español. Fue Azorín quien dio nombre a esta generación que vivió profundamente la crisis moral, política y social que supuso esta pérdida. Esta generación de escritores se basó en el regeneracionismo, corriente intelectual que reflexionó sobre la decadencia de España. Estos intelectuales intentaron poner remedio a los problemas y plantearon el unir la política con la cultura; sin embargo, no encontraron los cauces adecuados.

Los escritores que pertenecieron a esta generación habían caído de jóvenes en un total agnosticismo y en una clara oposición al catolicismo tradicional; muchos de ellos irán modificando sus posturas posteriormente, pero todos mantienen las mismas características en su literatura:
— Un rechazo total a la realidad que ven y que viven. Se impone lo íntimo y lo subjetivo dejando a un lado el realismo anterior.
— Se muestran críticos y analíticos.
— Desprecian la política. Están desengañados con ella.
— Se preocupan por los problemas sociales.

Los temas que se tratarán en las creaciones literarias serán los siguientes:
— El tema de España será una constante: se mezcla el dolor con el amor por España. Los noventayochistas recorrerán las tierras de España para después describirlas en sus obras.
— El tema histórico también estará presente en la literatura.
— Las preocupaciones existenciales marcarán a muchos de los personajes que manifestarán la angustia propia del que camina perdido, sin encontrarle sentido a su vida.

Los autores más representativos de esta generación son Unamuno, Baroja, Azorín, Maeztu y Machado. Todos manifestaron su sentido crítico en la realización literaria, pero cada uno a su manera. Muchos incluyen a Valle-Inclán dentro de este grupo de escritores ya que trabaja en la misma línea que ellos. Nosotros lo vamos a estudiar dentro del Modernismo.

COMENTARIO DE TEXTOS

Texto 1: *Campos de Castilla*

A José María Palacio

Palacio, buen amigo,
¿está la primavera
vistiendo ya las ramas de los chopos,
del río y los caminos? En la estepa
del alto Duero, Primavera tarda,
¡pero es tan bella y dulce cuando llega!
¿tienen los viejos olmos
algunas hojas nuevas?
aún las acacias estarán desnudas
y nevados los montes de las sierras.
¡oh mole del Moncayo blanca y rosa,
allá, en el cielo de Aragón, tan bella!
¿hay zarzas florecidas
entre las grises peñas,
y blancas margaritas
entre la fina hierba?
Por esos campanarios
ya habrán ido llegando las cigüeñas.
Habrá trigales verdes,
y mulas pardas en las sementeras,
y labriegos que siembran los tardíos
con las lluvias de abril. Ya las abejas
Libarán de tomillo y le romero.
¿hay ciruelos en flor?¿quedan violetas?
furtivos cazadores, los reclamos
de la perdiz bajo las capas luengas,
no faltarán. Palacio, buen amigo,
¿tienen ya ruiseñores las riberas?
con los primeros lirios
y las primeras rosas de las huertas,
en una tarde azul, sube al Espino
al alto Espino donde está su tierra...

Baeza, 29 de abril de 1913

Comentario Texto 1: *Campos de castilla*

Antonio Machado nació en Sevilla en 1875, estudió en Madrid en la Institución Libre de Enseñanza y completó su formación en París, donde conoció a importantes poetas simbolistas del momento. A su vuelta a España obtuvo una cátedra de francés en Soria. Allí conocerá a Leonor, mujer con la que se casó en 1909. Al morir ésta marcha a Baeza. Murió en Francia en 1936.

Campos de Castilla es la obra más importante de Machado; en ella trata el tema del tiempo y el sentimiento del paisaje.

Este poema en concreto aparece fechado al final. Tras la muerte de Leonor se retira a Baeza y allí escribe estos versos. Se trata de un poema epistolar, es decir, una carta en forma de poema que el autor dirige a su amigo José María Palacio. El poema está lleno de símbolos que iremos analizando y tienen una finalidad muy concreta.

Es muy significativa la personificación que Machado hace de la primavera:

"¿está la primavera vistiendo ya las ramas de los chopos…?"

"…Primavera tarda…"

La primavera aparece humanizada, más que personificada, simbolizando el resurgir de la vida; tras el invierno, símbolo de la muerte, llega la primavera, símbolo de la resurrección; con ella se van las nieves y florecen los campos.

Los chopos simbolizan el amor en Machado; es el árbol en el que los amantes graban sus iniciales.

El siguiente verso también es característico:

¿tienen ya los viejos olmos
Algunas hojas nuevas?

La antítesis *viejas-nuevas* vuelve a hacer presente el tema del poema: la posibilidad de la resurrección.

La visión del paisaje castellano que hace el poeta es de arriba abajo: desde las cumbres del Moncayo hasta las zarzas. La presencia del blanco, simbolizando la pureza, está presente a lo largo del poema: la nieve, las margaritas…

El poeta pregunta si las zarzas están florecidas; si esto es así, si la primavera ha posibilitado que las *grises peñas* den *zarzas florecidas*, hay una posibilidad de resurrección.

A continuación aparece una imagen muy significativa:

"Por esos campanarios ya habrán ido llegando las cigüeñas."

Las campanas hacen presente el paso del tiempo, la muerte... Mientras que las cigüeñas anuncian una nueva vida. La imagen de la cigüeña posada sobre el campanario da una esperanza al poeta, al igual que la zarza florecida, de que con la llegada de la primavera se produzca la vuelta a la vida de Leonor.

Más adelante pregunta el poeta *¿quedan violetas?*; es importante saber esto, ya que las violetas son signo de muerte, es la flor que crece en los cementerios. Por eso no pregunta si hay, sino si quedan.

Casi al final del poema el autor nos sorprende con otra imagen más compleja:

¿tienen ya ruiseñores las riberas?

El autor quiere saber si hay vida en las orillas del río. El ruiseñor, pájaro del amor, posado en las ramas de los chopos junto al río, representando el transcurrir de la vida, muestra una imagen clara del amor inamovible frente a la fugacidad de la vida.

Todas las preguntas que Machado plantea a su amigo tienen como fin saber si en Soria ya ha llegado la primavera, ¿para qué? Pues bien, al final del poema lo dice claramente:

"...sube al Espino, al alto Espino donde está su tierra."

El poeta escribe esta carta a su amigo con la intención de que lleve flores a la tumba de Leonor.

Como conclusión, hemos de terminar diciendo que Machado logra con este poema fundir su amor por Leonor con el paisaje castellano. Esta identificación es muy característica en los escritores de fin de siglo.

Se alternan los versos heptasílabos y endecasílabos y la rima es asonante.

Texto 2: *Del sentimiento trágico de la vida*

"La filosofía responde a la necesidad de formarnos una concepción unitaria y total del mundo y de la vida, y como consecuencia de esta concepción, un sentimiento que engendre una actitud íntima y hasta una reacción. Pero resulta que ese sentimiento, en vez de ser consecuencia de aquella concepción, es causa de ella. Nuestra filosofía, esto es, nuestro modo de comprender o de no comprender el mundo y la vida, brota de nuestro sentimiento respecto a la vida misma. Y ésta, como todo lo afectivo, tiene raíces subconscientes, inconscientes tal vez.

No suelen ser nuestras ideas las que nos hacen optimistas o pesimistas, sino que es nuestro optimismo o nuestro pesimismo, de origen fisiológico o patológico quizás, tanto el uno como el otro, el que hace nuestras ideas.

El hombre, dicen, es un animal racional. No sé por qué no se haya dicho que es un animal afectivo o sentimental. Y acaso lo que de los demás animales le diferencia sea más el sentimiento que no la razón. Más veces he visto razonar a un gato que no reír o llorar. Acaso llore o ría por dentro, pero por dentro acaso también el cangrejo resuelva ecuaciones de segundo grado."

Comentario texto 2: *Del sentimiento trágico de la vida*

Miguel de Unamuno nació en Bilbao en 1864. Más tarde se trasladó a Madrid, pero será en Salamanca donde pase la mayor parte de su vida. Consiguió una cátedra en dicha universidad, pero su actitud crítica le llevó a perderla y a exiliarse en 1924. Murió en Salamanca en 1936.

En su obra destacan todos los géneros literarios: novelas, ensayos, poesía…

Este fragmento de su obra *Del sentimiento trágico de la vida* trata sobre el tema del destino tras la muerte. Es una obra puramente filosófica.

Aquí, en el texto, el autor reflexiona sobre la filosofía y sobre el hombre. De la primera dice que es la manera que tiene el hombre de comprender el mundo y que nace del sentimiento de cada uno; es decir, el hombre ve la vida según como siente en un momento determinado. El estado de ánimo es clave para enfrentarnos a la realidad de cada día. Atravesar la "muerte ontológica" no es fácil, pero si es posible. El sufrimiento es un obstáculo con el que el hombre se encuentra en su existencia. Pasar por este sufrimiento es pasar por la muerte. Para Unamuno, la vida pierde sentido cuando piensa en la muerte física, la muerte definitiva. El autor manifiesta en esta obra un ansia de inmortalidad que se ve frustrada cuando aparece *el sentimiento trágico de la vida*.

Habla en el fragmento del optimismo y del pesimismo. Los principios del siglo XX recuerdan a las actitudes pesimistas del hombre del barroco. Aunque por motivos distintos, ambos hombres, el del XVII y el del XX, son hombres grises, desengañados. Pero tanto en un caso como en otro, la pérdida de la fe ha contribuido a esta situación. Pues bien, habla el autor de un optimismo o pesimismo fisiológico, que nace de nosotros; es decir, esa sensación innata nos permite ver la vida de una manera o de otra. Para Unamuno no es la propia vida la que te hace ser pesimista u optimista, sino al contrario.

A continuación habla del hombre. Para él no es la racionalidad lo que distingue al hombre del resto de los seres vivos, ya que lo considera más que racional, un ser sentimental. Esta idea entronca a la perfección con las posturas intimistas y subjetivas de los escritores de la generación del 98.

El hombre, para Unamuno, se mueve por sus sentimientos, no por la razón. Con esta teoría tira por tierra toda la filosofía del siglo XVIII. Es muy gráfico cuando dice que es más fácil ver a un gato pensar que llorar.

Con esta comparación deja clara su postura antiracionalista. El hombre, además de ser pensante, es ser que siente.

Vamos a terminar este comentario señalando cómo las corrientes filosóficas finiseculares influyeron fuertemente en la literatura de Unamuno. Nietzsche o Kierkegaard serán algunos de sus autores favoritos. También encontrará en las teorías de Kant algunas respuestas a sus preguntas existenciales.

El estilo de Unamuno es impecable. Con un lenguaje que puede complicarse en ocasiones, logra, a través de las palabras, comunicar al lector su angustia vital y su sentimiento trágico de la vida.

TEXTOS DEL 98 PARA COMENTAR

Texto 1: *Campos de Castilla*

Recuerdos de amor

He vuelto a ver los álamos dorados,
álamos del camino en la ribera
del Duero, entre San Polo y San Saturio,
tras las murallas viejas
de Soria –barbacana
hacia Aragón, en castellana tierra–.

Esos chopos del río, que acompañan
con el sonido de sus hojas secas
el son del agua, cuando el viento sopla,
tienen en sus cortezas
grabadas iniciales que son nombres
de enamorados, cifras que son fechas.

¡Álamos del amor que ayer tuvisteis
de ruiseñores vuestras ramas llenas;
álamos que seréis mañana liras
del viento perfumado en primavera;
álamos del amor cerca del agua
que corre y pasa y sueña,
álamos de las márgenes del Duero,
conmigo vais, mi corazón os lleva!

Texto 2: *El árbol de la ciencia*

"*– En eso estoy conforme– dijo Andrés. La voluntad, el deseo de vivir, es tan fuerte en el animal como en el hombre. En el hombre es mayor la comprensión. A más comprender, corresponde menos desear. Esto es lógico, y además se comprueba en la realidad. La apetencia por conocer se despierta en los individuos que aparecen al final de una evolución, cuando el* *instinto de vivir languidece. El hombre, cuya necesidad es conocer, es como la mariposa que rompe la crisálida para morir. El individuo sano, vivo, fuerte, no ve las cosas como son, porque no le conviene. Está dentro de una alucinación. Don Quijote, a quien Cervantes quiso dar un sentido negativo, es un símbolo de la afirmación de la vida. Don Quijote vive más que todas las personas cuerdas que le rodean, vive más y con más intensidad que los otros. El individuo o el pueblo que quiere vivir se envuelve en nubes como los antiguos dioses cuando se aparecían a los mortales. El instinto vital necesita de la ficción para afirmarse. La ciencia entonces, el instinto de crítica, el instinto de averiguación, debe encontrar una verdad: la cantidad de mentira que se necesita para la vida. ¿Se ríe usted?*

– Sí, me río, porque eso que tú expones con palabras del día está dicho nada menos que en la Biblia.

– ¡Bah!

– Sí, en el Génesis. Tú habrás leído que en el centro del Paraíso había dos árboles: el árbol de la vida y el árbol de la ciencia del bien y del mal. El árbol de la vida era inmenso, frondoso y, según algunos santos padres, daba la inmortalidad. El árbol de la ciencia no se dice cómo era; probablemente sería mezquino y triste. ¿Y tú sabes lo que le dijo Dios a Adán?

– No recuerdo, la verdad.

– Pues al tenerlo a Adán delante, le dijo: "Puedes comer todos los frutos de jardín; pero cuidado con el fruto del árbol de la ciencia del bien y del mal, porque el día que tú comas ese fruto morirás de muerte". Y Dios, seguramente, añadió: "Comed del árbol de la vida, sed bestias, sed cerdos, sed egoístas, revolcaos por el suelo alegremente; pero no comáis del árbol de la ciencia, porque ese fruto agrio os dará una tendencia a mejorar que os destruirá". ¿No es un consejo admirable?

– Sí, un consejo digno de un accionista de Banco –repuso Andrés."

EL MODERNISMO

Podemos considerar el Modernismo como un movimiento de ruptura con la estética vigente, que se inicia en 1880 y cuyo desarrollo fundamental se alcanza en torno a 1915.

En sus raíces hay un profundo desacuerdo con la burguesía que llevará a los autores de este movimiento a la rebeldía política.

Los primeros signos de renovación poética aparecen a finales del siglo XIX, tanto en España como en Hispanoamérica, gracias a la figura de Rubén Darío. La influencia francesa merece especial atención, destacando dos corrientes:

— Parnasianismo: reproduce la belleza de las formas, "el arte por el arte". Se busca la perfección formal. Interesan los temas relacionados con los mitos griegos, la evocación a tiempos pasados y lugares exóticos.

— Simbolismo: se propone ir más allá de lo sensible. El poeta se propone conocer la realidad a través de los símbolos, imágenes que nos sugieren algo que no se percibe físicamente.

El modernismo hispánico es una síntesis del Parnasianismo y del Simbolismo. Del primero se toma la perfección formal, temas exóticos..., de los simbolistas, el arte de sugerir y la búsqueda de efectos rítmicos y musicales. También podemos destacar la influencia de Bécquer en su aspecto más intimista y sentimental.

Los temas que tratan los escritores modernistas son los siguientes:

— El romanticismo: aparecen aspectos como el misterio, lo fantástico, el sueño, la noche….

— El escapismo: el modernista huye de mundo a través del sueño para mostrar su desacuerdo con la realidad. Se produce una evasión en el espacio (lo exótico) y en el tiempo (Edad media, Renacimiento). Si los noventayochistas rechazan la realidad criticándola, los modernistas la rechazan evadiéndose de ella.

—Cosmopolitismo: París se convertirá en la ciudad predilecta. Este es otro aspecto del escapismo.

—Amor y erotismo: el tema de la idealización del amor y la mujer junto con el erotismo desenfrenado, estará presente en esta literatura.

Respecto al estilo, los modernistas buscaron valores sensoriales, grandes efectos como la luz y el color, llenaron sus obras de recursos literarios e innovaron en lo referente a la métrica.

COMENTARIO DE TEXTOS

Texto 1: *Luces de Bohemia*

(Rinconada en costanilla y una iglesia barroca por fondo. Sobre las campanas negras, la luna clara. Don Latino y Max Estrella filosofan sentados en el quicio de una puerta. A lo largo de su coloquio, se torna lívido el cielo. En el alero de la iglesia pían algunos pájaros. Remotos albores de amanecida. Ya se han ido los serenos, pero aún están las puertas cerradas. Despiertan las porteras.)

MAX. *Debe de estar amaneciendo.*
DON LATINO. *Así es.*
MAX. *¡Y que frío!*
DON LATINO. *Vamos a dar unos pasos.*
MAX. *Ayúdame, que no puedo levantarme. ¡Estoy aterido!*
DON LATINO. *¡Mira que haber empeñado la capa!*
MAX. *Préstame tu carrik, Latino.*
DON LATINO. *¡Max, eres fantástico!*
MAX. *Ayúdame a ponerme en pie.*
DON LATINO. *¡Arriba carcunda!*
MAX. *¡No me tengo!*
DON LATINO. *¡Qué tuno eres!*
MAX. *¡Idiota!*
DON LATINO. *¡La verdad es que tienes una fisonomía algo rara!*
MAX. *Don Latino de Híspalis, grotesco personaje, ¡Te inmortalizaré en una novela!*
DON LATINO. *Una tragedia, Max.*
MAX. *La tragedia nuestra no es tragedia.*
DON LATINO. *¡Pues algo será!*
MAX. *El esperpento.*
DON LATINO. *No tuerzas la boca, Max.*
MAX. *¡Me estoy helando!*
DON LATINO. *Levántate. Vamos a caminar.*
MAX. *No puedo.*
DON LATINO. *Deja esa farsa. Vamos a caminar.*
MAX. *Échame el aliento. ¿Adónde te has ido, Latino?*
DON LATINO. *Estoy a tu lado*

Escena XII

Comentario de texto 1: *Luces de Bohemia*

Ramón María del Valle-Inclán nació en Pontevedra en 1886. Estudió derecho en la universidad de Santiago de Compostela. Su personalidad era un tanto peculiar. Se reflejan en él un violento inconformismo y una entrega total a su trabajo como escritor. Se mostró desde el principio anti-burgués, ensalzando los valores de la sociedad rural. Se enfrentó a la dictadura de Primo de Rivera e ingresó en el partido comunista. Murió en Santiago de Compostela en 1936.

La producción literaria de Valle es muy extensa: en su obra pasa del modernismo a la deformación de la realidad. Esto último lo conseguirá gracias al *esperpento*, género del que él es creador y al que pertenece la obra *Luces de Bohemia.*

Este fragmento corresponde a la escena XII, en la que los protagonistas de la obra, Don Latino y Max Estrella, han dado un paseo por Madrid. Después de haber presenciado diversas situaciones durante la noche, ambos llegan al portal de Max y mantienen esta conversación.

La obra es un viaje nocturno de Don Latino y Max Estrella por el Madrid nocturno de principios del siglo XX. En este viaje van comentando todo aquello que ven. La escena XII es una de las últimas y ella vemos una serie de elementos característicos:

La acotación inicial es muy aclaratoria, la presencia de la iglesia y de las campanas nos adelantan el final trágico. Parece como si las campanas estuvieran anunciando la posterior muerte de Max. Para entender el fragmento hay que conocer a los personajes:

— Max Estrella: poeta bohemio, ciego y arruinado. A pesar de su talento ve cómo se le cierran todas las puertas.
— Don Latino de Hispalis: es el lazarillo de Max. Es cínico y aprovechado.

La conversación que ambos mantienen en el fragmento está llena de coloquialismos:

"*¡Arriba, carcunda!*"
"*¡Qué tuno eres!*"

Son expresiones que utiliza Don Latino, que reflejan el habla de la gente de su categoría social.

Valle pone en boca de cada personaje un tipo de habla acorde con su nivel cultural. Hay una gran diferencia en la forma de hablar de los protagonistas.

En el fragmento se hace alusión al esperpento:

"DON LATINO. *¡La verdad es que tienes una fisonomía algo rara!*
MAX. *Don Latino de Híspalis, grotesco personaje, ¡Te inmortalizaré en una novela!*
DON LATINO. *Una tragedia, Max.*
MAX. *La tragedia nuestra no es tragedia.*
DON LATINO. *¡Pues algo será!*
MAX. *El esperpento.*"

El esperpento no llega a ser una tragedia para Valle; es una deformación de la realidad: deformación a través del lenguaje, de las descripciones, de los personajes…etc.

Es característico que cuando Don Latino le ve a Max "*una fisonomía algo rara*", éste se refiere al esperpento. Bien, es eso precisamente el esperpento: lo deforme, lo raro, lo que no se entiende.

La exageración llega a ser deformación. Es "la vida reflejada en un espejo cóncavo". Por eso Max llama a Don Latino "*grotesco personaje*"; sólo un personaje grotesco puede ser protagonista de un esperpento. El fracaso como escritor de Max, su ceguera, su ruina… son elementos de un mundo esperpéntico del que Valle quiere huir. Si para los noventayochistas fue la crítica y para los modernistas la evasión, para Valle es el esperpento la vía de escape de un mundo que no entiende.

El cronotopos viene bien fijado desde la acotación inicial:
— El espacio: la acción transcurre en Madrid. Se dan algunos datos como la iglesia barroca al fondo.
— El tiempo: es muy temprano y está amaneciendo. Esto se ve en expresiones como "*Remotos albores de amanecida. Ya se han ido los serenos…*".

Debemos terminar señalando rasgos del estilo ya que Valle fue muy cuidadoso con él. El lenguaje que utiliza está en un plano coloquial o familiar que no dificulta la comprensión del texto. Es el gusto por lo popular algo muy característico en la obra de valle. Las frases cortas y concisas hacen la lectura ágil y el diálogo ameno.

Alejado de un estilo retórico, Valle consigue con su obra *Luces de Bohemia* crear un retrato deformado de la España de principios del siglo XX, exponiendo sus preocupaciones y sus sensaciones sobre todos los temas que en la obra plantea.

Texto 2: *Juan Ramón Jiménez*

Vino, primero pura,
vestida de inocencia;
y la amé como un niño.
Luego se fue vistiendo
de no se qué ropajes;
y la fui odiando, sin saberlo.
Llegó a ser una reina,
fastuosa de tesoros...
¡Que iracundia de yel y sin sentido!
... Mas se fue desnudando.
y yo le sonreía.
se quedó con la túnica
de su inocencia antigua.
creí de nuevo en ella.
y se quitó la túnica,
y apareció desnuda toda...
¡Oh, pasión de mi vida, poesía
Desnuda, mía para siempre!

Comentario texto 2: *Juan Ramón Jiménez*

Juan Ramón Jiménez nació en Moguer (Huelva) en 1881. Estudió derecho en la universidad de Sevilla, aunque no terminó la carrera. En 1936 se vio obligado a abandonar el país tras estallar la guerra civil. En 1956 recibe el premio Nobel de literatura. Muere en Puerto Rico en 1958.

Juan Ramón vivía su mundo en soledad, le caracteriza su aislamiento. Su poesía está llena de hermetismo y ante todo busca la belleza formal.

Este poema que proponemos pertenece a su obra *Eternidades*, publicada en 1918. Para entender este poema hay que conocer la evolución que sufre su poesía:

— Poesía sencilla: son muestra del postromanticismo Becqueriano y de un tono adolescente. Trata temas como la soledad, la melancolía o el paso del tiempo.
— Poesía desnuda: se produce una ruptura con el modernismo. A través de las palabras pretende conocer la realidad de las cosas. A esta etapa pertenece *Eternidades*.
— Poesía verdadera: refleja vivencias propias y su lado más místico.

Pues bien, este poema que vamos a comentar habla precisamente de la evolución que ha sufrido su poesía. Estamos ante un claro ejemplo de metapoesía, es decir, Juan Ramón utiliza la poesía para hablar de la poesía misma.

Empieza el poema diciendo:

"Vino primero pura,
Vestida de inocencia;
Y la amé como un niño."

Con estos versos se refiere a esa primera poesía que el poeta cultivó en su adolescencia. Una poesía cargada de sentimiento, llena de influencias del Romanticismo Becqueriano. Pero esta etapa termina y comienza otra:

"luego se fue vistiendo
de no se qué ropajes"

Estos ropajes de los que habla el poeta son los recursos literarios de los que se llenó la poesía modernista en su afán de buscar la belleza formal. Hay un rechazo claro al modernismo cuando dice *"¡que iracundia de yel y sin sentido!"*. El poeta no encuentra sentido a una poesía que se aleja del sentimiento. Sigue diciendo el poema:

"llegó a ser una reina
fastuosa de tesoros"

Compara la poesía modernista con una *reina* llena de *tesoros*. Este estilo sobrecargado es contrario al sentimentalismo de la primera etapa. Lo intimista ha perdido protagonismo para dar paso a la belleza formal.

Pero al final, la poesía *"se fue desnunando..."*. Con esta metáfora el poeta habla de una vuelta a lo íntimo. El *desnudarse* de la poesía es el librarse de todo ornamento innecesario. En los dos últimos versos vemos la pasión de Juan Ramón por este género literario:

¡Oh, pasión de mi vida, poesía
desnuda, mía para siempre!

Como ya hemos comentado, la entrega de este escritor a la poesía fue total.

Con una sucesión de metáforas, Juan Ramón nos muestra en este poema su sensibilidad hacia la poesía y su amor por ella. Los versos son heptasílabos y la rima asonante.

TEXTOS MODERNISTAS PARA COMENTAR

Texto 1: *Luces de Bohemia*

MAX. *El esperpentismo lo ha inventado Goya. Los héroes clásicos han ido a pasearse en el callejón del Gato.*
DON LATINO. *¡Estás completamente curda!*
MAX. *Los héroes clásicos reflejados en los espejos cóncavos dan el Esperpento. El sentido trágico de la vida española sólo puede darse con una estética sistemáticamente deformada.*
DON LATINO. *¡Miau! ¡Te estás contagiando!*
MAX. *España es una deformación grotesca de la civilización europea.*
DON LATINO. *¡Pudiera! Yo me inhibo.*
MAX. *Las imágenes más bellas en un espejo cóncavo son absurdas.*
DON LATINO. *Conforme. Pero a mí me divierte mirarme en los espejos de la calle del Gato.*
MAX. *Y a mí. La deformación deja de serlo cuando está sujeta a una matemática perfecta. Mi estética actual es transformar con matemática de espejo cóncavo las normas clásicas.*
DON LATINO. *¿Y dónde está el espejo?*
MAX. *En el fondo del vaso.*
DON LATINO. *¡Eres genial! ¡Me quito el cráneo!*
MAX. *Latino, deformemos la expresión en el mismo espejo que deforma las caras y toda la vida miserable de España.*
DON LATINO. *Nos mudaremos al callejón del Gato.*

Texto 2: *Platero y Yo*

Platero y yo conocemos bien, de nuestras correrías nocturnas, el canto del grillo.
El primer canto del grillo, en el crepúsculo, es vacilante, bajo y áspero. Muda de tono, aprende de sí mismo y, poco a poco, va subiendo, va poniéndose en su sitio, como si fuera buscando la armonía del lugar y de la hora. De pronto, ya la estrellas en el cielo verde y transparente, cobra el canto un dulzor melodioso de cascabel libre.
Las frescas brisas moradas van y vienen; se abren del todo las flores de la noche y vaga por el llano una esencia pura y divina, de confundidos prados azules, celestes y terrestres. Y el canto del grillo se exalta, llena de

todo el campo, es cual la voz de la sombra. No vacila ya, ni se calla. Como surtiendo de sí propio, cada nota es gemela de la otra, en una hermandad de oscuros cristales.

Pasan, serenas, las horas. No hay guerra en el mundo y duerme bien el labrador, viendo el cielo en el fondo alto de su sueño. Tal vez el amor, entre las enredaderas de una tapia, anda extasiado, los ojos en los ojos. Los habares mandan al pueblo mensajes de fragancia tierna, cual en una libre adolescencia candorosa y desnuda. Y los trigos ondean, verdes de luna, suspirando al viento de las dos, de las tres, de las cuatro... El canto del grillo, de tanto sonar, se ha perdido.

¡Aquí está! ¡Oh canto del grillo por la madrugada, cuando, corridos de escalofríos, Platero y yo vamos a la cama por las sendas blancas de relente! La luna se cae, rojiza y soñolienta. Ya el canto está borracho de luna, embriagado de estrellas, romántico, misterioso, profuso. En cuando unas grandes nubes luctuosas, bordeadas de un malva azul y triste, sacan el día de la mar, lentamente....

Texto 3: *Prosas Profanas*

Era un aire suave, de pausados giros:
el hada Harmonía ritmaba sus vuelos,
e iban frases vagas y tenues suspiros
entre los sollozos de los violoncelos.

Sobre la terraza, junto a los ramajes,
diríase un trémolo de liras eolias
cuando acariciaban los sedosos trajes,
sobre el tallo erguidas, las blancas magnolias.

Tiene azules ojos, es maligna y bella;
cuando mira, vierte viva luz extraña;
se asoma a las húmedas pupilas de estrella
el alma del rubio cristal de Champaña.

El teclado armónico de su risa fina
a la alegre música de un pájaro iguala.
con los staccati de una bailarina
y las locas fugas de una colegiala.

NOVECENTISMO Y VANGUARDIAS

El término *Novecentismo* se utilizó para designar a aquellas tendencias que se separaban rotundamente de las formas artísticas del siglo XIX.

Desde el punto de vista político o ideológico, este movimiento se basa en el liberalismo con una postura social-demócrata.

En lo cultural supone la aparición de un nuevo tipo de intelectual. Hay una reacción contra las actitudes decimonónicas: aunque sigue estando presente el problema de España, se trata con un enfoque más europeísta.

Dentro de la estética encontramos:
— Huida del sentimentalismo.
— Abandono del tono apasionado y vehemente.
— Se escribe con una gran pulcritud (literatura para minorías).
— Preocupación por el lenguaje.

Todo conduce hacia un arte puro; la estética novecentista tiene como característica principal la obsesión constante por la obra bien hecha.

Destaca, sin duda, en este movimiento la figura de Ortega y Gasset, líder intelectual de esta época. Éste trató temas variados y su concepto de deshumanización del arte y su preocupación por el estilo marcarán su obra.

Además de Ortega y Gasset, debemos señalar a otros grandes autores como Gómez de la Serna, Gabriel Miró y Ramón Pérez de Ayala.

Pero a pesar de las novedades que introdujeron los novecentistas en la literatura, fueron los movimientos de Vanguardia los que rompieron definitivamente con el siglo anterior.

Con el término *vanguardia* se ha designado en nuestro siglo a aquellos movimientos que se oponen a la estética anterior y que proponen concepciones nuevas del arte y de las letras.

Hacia 1914 se percibe en España una nueva sensibilidad y unas nuevas orientaciones estéticas, por lo que los autores empiezan a buscar nuevas formas.

Los movimientos de vanguardias más destacados son: el Futurismo, iniciado por Martinetti y basado en el dinamismo, el Cubismo, que trata de descomponer la realidad, y el surrealismo, que es considerada como la revolución artística más importante del siglo XX; su ideología se basa en la liberación total del individuo dando mucha importancia a los sueños. La poesía será un vehículo idóneo para los escritores surrealistas.

COMENTARIO DE TEXTOS

Texto 1: *La razón histórica. Ortega y Gasset*

"El hombre vive habitualmente sumergido en su vida, náufrago en ella, arrastrado instante tras instante por el torrente turbulento de su destino, es decir, que vive en estado de sonambulismo sólo interrumpido por momentáneos relámpagos de lucidez en que descubre confusamente la extraña faz que tiene ese hecho de su vivir, como el rayo con su fulguración instantánea nos hace entrever, en un abrir y cerrar de ojos, los senos profundos de la nube negra que lo engendró. Tenía razón Calderón en un sentido aún más concreto y trivial de lo que él supuso: por lo pronto, la vida es sueño, porque es sueño toda la realidad que no se captura a sí misma, que no se toma plena posesión de sí misma, que se queda dentro de sí y no logra, a la vez, evadirse de sí misma y estar sobre sí. Y no hay distinción entre el hombre inculto y el hombre de ciencia: también el físico es sonámbulo y lo es no sólo en su vida común sino que también al hacer su física, al crear su conciencia sonambuliza. La física es sueño, un sueño matemático. El único intento que el hombre puede hacer para despertar, para acordar y vivir con entera lucidez, consiste precisamente en filosofar. De suerte que nuestra vida es, sin remedio, una de estas dos cosas: o sonambulismo o filosofía. Yo lo advierto lealmente antes de empezar: la filosofía no es sueño- la filosofía es insomnio- es un infinito alerta, una voluntad de perpetuo mediodía y una exasperada vocación a la vigilia y a la lucidez."

Comentario texto 1: *La razón histórica*

José Ortega y Gasset nació en Madrid en 1883 en el seno de una familia de la alta burguesía. Estudió en Málaga y se licenció en la universidad central de Madrid. En 1923 fundó la *Revista de Occidente*, llevando la cultura española a lo más alto. Al estallar la guerra civil tiene que exiliarse en Lisboa. Desde 1945 viene a España a menudo. Muere en Madrid en 1955.

Podemos decir de él que fue el guía intelectual de esta época, encabezando la llamada generación del 14.

Su producción literaria está llena de ensayos y reflexiones filosóficas. Ortega fue un pensador que plasmó por escrito sus ideas.

En este fragmento de su obra *Sobre la razón histórica*, vemos recogido parte de su pensamiento. En él habla del hombre, la vida y la filosofía; temas claves en su producción literaria.

Empieza diciendo el fragmento:

"El hombre vive habitualmente sumergido en su vida, náufrago en ella, arrastrado instante tras instante por el torrente turbulento de su destino..."

Ortega utiliza la metáfora *vida-mar* para explicar el paso del hombre por este mundo. Para el autor, los reveses del destino son como olas que chocan contra nosotros. La vida cómoda que todo hombre va buscando, esa vida sin problemas ni complicaciones, se ve alterada, en ocasiones y sin nosotros quererlo, por los caprichos del destino.

Este estado en el que el hombre vive su vida, Ortega lo denomina *estado de sonambulismo*; en determinados momentos, dice Ortega, el hombre sale de este estado para analizar *la extraña faz que tiene el hecho de su vivir*.

Es en este momento del texto cuando se hace alusión a Calderón de la Barca. Para el pensador, al igual que para Calderón, la vida es sueño: si el hombre es un sonámbulo, la vida del hombre es sueño. Además, no hace distinción entre hombres; tanto el inculto como el científico tienden a hacer de su vida un sueño, una irrealidad.

Pero Ortega propone una salida ante esta situación:

"El único intento que el hombre puede hacer para despertar, para acordar y vivir con entera lucidez, consiste precisamente en filosofar."

El autor propone la filosofía como medio para salir de ese sonambulismo en el que vivimos. Dice de la filosofía que es *insomnio* y *lucidez*.

Estos son los dos caminos que hombre escoge en su vida: *sonambulismo o filosofía;* así lo dice claramente Ortega en el fragmento.

Por lo tanto, esta dualidad antitética *vida-sueño* o *sonambulismo-insomnio*, hay que unificarla, es decir, el hombre debe hacer uso de la filosofía para salir del tedio, del sinsentido en el que vive.

Respecto al estilo, debemos decir que este fragmento es un buen ejemplo del gran uso del lenguaje que emplea Ortega y Gasset. Las características estilísticas propias de la literatura del Novecentismo quedan de manifiesto: pulcritud y perfección formal. El autor busca la belleza estética con la utilización de un lenguaje metafórico sin dejar a un lado el contenido. Existe un equilibrio entre forma y contenido que rompe con la literatura decimonónica.

TEXTOS PARA COMENTAR

Texto 1: *Diario de un poeta recién casado*

XCIV

New Cork, 10 de Abril.

Cementerio en Broadway

A Hanna Crooke

Está tapiado este breve camposanto abierto de la ciudad comercial, por las cuatro rápidas y constantes concurrencias del elevado, el tranvía, el taxi y el subterráneo, que jamás le faltan a su silencio obstinado y pequeño. Un sinfín de rayos de fugaces cristales correspondidos, que anuncian con letras de oro y negro todos los and Cº. de New Cork, hieren, en la movible alquimia del sol último, recogido interminable y variadamente en sus coincidencias, las espaldas y los hombros de las tumbas viejas, cuya piedra renegrida y polvorienta se tiñe aquí y allá, de color de corazón.

¡Pobre pozo de muertos, con tu iglesita de jugete, cuyas campanas sueñan al lado de las oficinas que sitian tu paz, entre los timbres, las bocinas, los silbatos y los martillos de remache!... Mas lo puro, por pequeño que sea y por guerreado que esté, es infinito; y solo la escasa yerba agriverde que los muertos de otro tiempo brotan, y una única florecita roja que el sol, cayéndose, exalta sobre una losa, colman de poesía esta hora terrible de las cinco, y hacen del cementerio un único hermano gemelo del ocaso inmerso, transparente y silencioso, de cuya hermosura sin fin queda la ciudad viva desterrada.

Texto 2: *La deshumanización del arte.*

Recuérdese cuál era el tema de la poesía en la centuria romántica. El poeta nos participaba lindamente sus emociones privadas de buen burgués; sus penas grandes y chicas, sus nostalgias, sus preocupaciones religiosas o políticas y, si era inglés, sus ensoñaciones tras de la pipa. Con unos u otros medios aspiraba a envolver en patetismo su existencia cotidiana (…). El poeta quería siempre ser un hombre.

– ¿Y esto parecía mal a los jóvenes?–pregunta con indignación alguien que no lo es– ¿Pues qué quieren? ¿Que el poeta sea un pájaro, un ictiosauro, un dodecaedro?

No sé; pero creo que el poeta joven, cuando poetiza, se propone simplemente ser poeta. Ya veremos cómo todo el arte nuevo, coincidiendo en esto con la nueva ciencia, con la nueva política, con la nueva vida, en fin, repugna ante todo la confusión de fronteras. Es un síntoma de pulcritud mental querer que las fronteras entre las cosas estén bien demarcadas. Vida es una cosa, poesía es otra –piensan o, al menos, sienten–. No las mezclemos.

El poeta empieza donde el hombre acaba. El destino de éste es vivir su itinerario humano; la misión de aquél es inventar lo que no existe. De esta manera se justifica el oficio poético. El poeta aumenta el mundo, añadiendo a lo real, que ya está ahí por sí mismo, un irreal continente. "Autor" viene de "auctor", el que aumenta. Los latinos llamaban así al general que ganaba para la patria un nuevo territorio.

GENERACIÓN DEL 27

Se conoce bajo el nombre de Generación del 27 a aquellos autores que empezaron a publicar sus obras en los años 20; hoy en día no se les considera una generación, sino un grupo dentro de una generación ya que les une una conciencia de grupo nacida de una gran amistad y experiencia comunes.

En la nómina se incluyen, entre otros, Pedro Salinas, Jorge Guillén, García Lorca, Alberti, Vicente Aleixandre, Gerardo Diego, Dámaso Alonso, Cernuda, Emilio Prados y Manuel Altolaguirre.

El tercer centenario de la muerte de Góngora los reunió a todos en una celebración; dicha fecha dio nombre a esta generación.

La mayoría de sus componentes colaboraron en las mismas revistas como la de Occidente o Litoral.

En todos ellos podemos observar ciertas afinidades estéticas y una tendencia al equilibrio:
— La emoción es frenada por lo intelectual.
— Se mezclan la belleza estética y la autenticidad humana.
— Se produce una apertura del "yo" novecentista al "nosotros".
— Aunque la poesía está abierta a influjos exteriores, está profundamente arraigada a la cultura española.

Todos estos escritores recibieron a su vez distintas influencias:
— De los movimientos de vanguardia.
— De Juan Ramón Jiménez, Darío, Machado…
— De los clásicos como Manrique y Góngora.
— De las formas populares.

Podemos distinguir tres etapas en la evolución literaria de estos autores:
— Hasta 1927: dominan las influencias de Bécquer y domina el ideal de la poesía pura.
— Del 27 hasta la guerra civil: se humaniza la poesía. Irrumpen el surrealismo y la poesía social.
— Después de la guerra: desde el exilio, la nostalgia y la protesta son algunas de las notas dominantes.

COMENTARIO DE TEXTOS

Texto 1: *Bodas de sangre*

Acto I
Cuadro primero

Habitación pintada de amarillo

NOVIO. *(entrando). Madre.*
MADRE. *¿Qué?*
NOVIO. *Me voy.*
MADRE. *¿Adónde?*
NOVIO. *A la viña. (Va a salir)*
MADRE. *Espera.*
NOVIO. *¿Quiere algo?*
MADRE. *Hijo, el almuerzo.*
NOVIO. *Déjelo. Comeré uvas. Deme la navaja.*
MADRE. *¿Para qué?*
NOVIO. *(riendo). Para cortarlas.*
MADRE. *(entre dientes y buscándola). La navaja, la navaja... Malditas sean todas y el bribón que las inventó.*
NOVIO. *Vamos a otro asunto.*
MADRE. *Y las escopetas y las pistolas y el cuchillo más pequeño, y hasta las azadas y los bieldos de la era.*
NOVIO. *Bueno.*
MADRE. *Todo lo que puede cortar el cuerpo de un hombre. Un hombre hermoso, con su flor en la boca, que sale a las viñas o va sus olivos propios, porque son de él, heredados...*
NOVIO. *(bajando la cabeza). Calle usted.*
MADRE. *...Y ese hombre no vuelve. O si vuelve es para ponerle una palma encima o un plato de sal gorda para que no se hinche. No sé cómo te atreves a llevar una navaja en tu cuerpo, ni cómo yo dejo a la serpiente dentro del arcón.*
NOVIO. *¿Está bueno ya?*
MADRE. *Cien años que yo viviera no hablaría de otra cosa. Primero, tu padre, que me olía a clavel y lo disfruté tres años escasos. Luego, tu*

hermano. ¿Y es justo y puede ser que una cosa pequeña como una pistola o una navaja pueda acabar con un hombre que es un toro? No callaría nunca. Pasan los meses y la desesperación me pica en los ojos y hasta en las puntas del pelo.

NOVIO. *(fuerte) ¿Vamos a acabar?*

MADRE. *No. No vamos a acabar. ¿Me puede alguien traer a tu padre? ¿Y a tu hermano? Y luego, el presidio. ¿Qué es el presidio? ¡Allí comen, fuman, allí tocan los instrumentos! Mis muertos llenos de hierba, sin hablar, hechos polvo; dos hombres que eran dos geranios…Los matadores, en presidio, frescos, viendo los montes…*

NOVIO. *¿Es que quiere usted que los mate?*

MADRE. *No… si hablo es porque… ¿Cómo no voy a hablar viéndote salir por esa puerta? Es que no me gusta que lleves navaja. Es que…, que no quisiera que salieras al campo.*

NOVIO. *(riendo)¡Vamos!*

MADRE. *Que me gustaría que fueras una mujer. No te irías al arroyo ahora y bordaríamos las dos cenefas y perritos de lana.*

NOVIO. *(coge de un brazo a la madre y ríe). Madre, ¿y si yo la llevara conmigo a la viñas?*

MADRE. *¿Qué hace una vieja en las viñas?¿Me ibas a meter debajo de los pámpanos?*

NOVIO. *(levantándola en sus brazos). Vieja, revieja, requetevieja.*

MADRE. *Tu padre sí que me llevaba. Eso es de buena casta. Sangre. Tu abuelo dejó un hijo en cada esquina. Eso me gusta. Los hombres, hombres; el trigo, trigo.*

NOVIO. *¿Y yo, madre?*

MADRE. *¿Tú, qué?*

NOVIO. *¿Necesito decírselo otra vez?*

MADRE. *(seria). ¡Ah!.*

NOVIO. *¿Es que le parece mal?*

MADRE. *No*

NOVIO. *¿Entonces?...*

MADRE. *No lo sé yo misma. Así, de pronto, siempre me sorprende. Yo sé que la muchacha es buena. ¿Verdad que sí? Modosa. Trabajadora. Amasa su pan y cose sus faldas, y siento, sin embargo, cuando la nombro, como si me dieran una pedrada en la frente.*

NOVIO. *Tonterías.*

MADRE. *Más que tonterías. Es que me quedo sola. Ya no me quedas más que tú, y siento que te vayas.*

NOVIO. *Pero usted vendrá con nosotros.*

MADRE. *No. Yo no puedo dejar aquí solos a tu padre y a tu hermano. Tengo que ir todas las mañanas, y si me voy es fácil que muera uno de los Félix, uno de la familia de los matadores, y lo entierren al lado. ¡Y eso sí que no!*

¡Ca! ¡Eso sí que no! Porque con las uñas los desentierro y yo sola los machaco contra la tapia.

NOVIO. *(fuerte). Vuelta otra vez.*

MADRE. *Perdóname. (pausa). ¿Cuánto tiempo llevas en relaciones?*

NOVIO. *Tres años. Ya pude comprar la viña.*

MADRE. *Tres años. Ella tuvo un novio, ¿no?*

NOVIO. *No sé. Creo que no. Las muchachas tienen que mirar con quién se casan.*

MADRE. *Sí. Yo no miré a nadie. Miré a tu padre, y cuando lo mataron miré a la pared de enfrente. Una mujer con un hombre, y ya está.*

NOVIO. *Usted sabe que mi novia es buena.*

MADRE. *No lo dudo. De todos modos, siento no saber cómo fue su madre.*

NOVIO. *¿Qué más da?*

MADRE. *(mirándolo). Hijo.*

NOVIO. *¿Qué quiere usted?*

MADRE. *¡Que es verdad! ¡Qué tienes razón! ¿Cuándo quieres que la pida?*

NOVIO. *(alegre) ¿Le parece bien el domingo?*

MADRE. *(seria). Le llevaré los pendientes de azófar, que son antiguos, y tú le compras...*

NOVIO. *Usted entiende más...*

MADRE. *Le compras unas medias caladas, y para ti dos trajes... ¡Tres! ¡No te tengo más que a ti!*

NOVIO. *Me voy. Mañana iré a verla.*

MADRE. *Sí, sí; y a ver si me alegras con seis nietos o los que te de la gana, ya que tu padre no tuvo lugar de hacérmelos a mi.*

NOVIO. *El primero para usted.*

MADRE. *Sí, pero que haya niñas. Que yo quiero bordar y hacer encaje y estar tranquila.*

NOVIO. *Estoy seguro de que usted querrá a mi novia.*

MADRE. *La querré. (se dirige a besarlo y reacciona). Anda, ya estás muy grande para besos. Se los das a tu mujer. (Pausa. Aparte). Cuando lo sea.*

NOVIO. *Me voy.*

MADRE. *Que caves bien la parte del molinillo, que la tienes descuidada.*

NOVIO. *¡Lo dicho!*

MADRE. *Anda con Dios. (Vase el novio. La madre queda sentada de espaldas a la puerta. Aparece en la puerta una vecina vestida de color oscuro, con pañuelo en la cabeza).*

Comentario texto 1: *Bodas de sangre*

Federico García Lorca nació en Fuente Vaqueros (Granada) en 1898. No fue un gran estudiante ya que tuvo que abandonar la carrera de derecho. En 1989 se instala en la residencia de estudiantes de Madrid.

Su literatura es heredera del 98, además influyeron en él autores como Juan Ramón Jiménez, Machado o Valle-Inclán.

En 1928 marchó a Nueva York y más tarde a La Habana.

A su vuelta a España estalla la guerra civil y decide no exiliarse. Es fusilado el 18 de Agosto de 1936 por razones políticas.

La obra de Lorca es extensa y variada. Será su teatro lo que le dé más fama; para muchos filólogos es el de mayor importancia en el siglo XX.

Aquí nos encontramos con un fragmento de su obra "*Bodas de sangre*", publicada en 1933, y divida en tres actos.

La obra es la historia de una traición. La novia huye con un antiguo amor el mismo día de la boda. Anteriormente, el padre y el hermano del novio habían sido asesinados. La madre del novio vive con un gran rencor debido a esto. Con estos elementos se construye un poema trágico en el que desde el principio se van adelantando hechos del final.

Este fragmento corresponde al principio del acto I. En él, el novio y la madre mantienen una conversación. Son los dos únicos personajes que intervienen.

El texto está cargado de símbolos: el color amarillo de la habitación podría simbolizar el campo, la maduración de la cosecha o el rencor de la madre. Por otro lado, la navaja de la que se habla al principio es, para la madre, símbolo de la muerte de su marido y de su hijo. Hablar de la navaja no le gusta:

"Malditas sean todas y el bribón que las inventó"

*"No sé cómo te atreves a llevar una navaja en tu cuerpo,
ni cómo yo dejo a la serpiente dentro del arcón"*

La madre compara la navaja con la serpiente; en Andalucía es de mal agüero nombrarla. También se hace referencia a cómo algo tan pequeño puede causar la muerte:

"¿Y es justo y puede ser que una cosa pequeña como una pistola o una navaja pueda acabar con un hombre que es un toro?"

Respecto a los personajes, hay que decir que los femeninos tienen más peso en la obra que los masculinos. Además la carga dramática recae más sobre las mujeres que sobre los hombres. Un claro ejemplo lo tenemos en este fragmento en la figura de la madre.

La mentalidad de la España de la época queda muy bien resumida en algunas líneas del fragmento, así como muchos aspectos del mundo rural andaluz:

"me gustaría que fueras una mujer. No te irías al arroyo y bordaríamos las dos cenefas y perritos de lana"

Como vemos, la vida pública de las mujeres en la España previa a la guerra civil, es prácticamente inexistente. Sus funciones se reducen a las labores domésticas.

La postura de la madre es totalmente machista; lo vemos en expresiones como esta:

"Tu abuelo dejó un hijo en cada esquina. Eso me gusta. Los hombres, hombres; el trigo, trigo."

Esta frase resume lo que sería la mentalidad de la época; el mundo del campo es un mundo de hombres en el que las mujeres tienen un papel muy limitado.

Más adelante, la madre hace un comentario en el que vemos cómo presiente algo que ocurrirá después:

"Yo sé que la muchacha es buena (…), y siento, sin embargo, cuando la nombro, como si me dieran una pedrada en la frente."

La madre nos está adelantando la traición que sucederá el día de la boda, cuando la novia huya con Leonardo.

En un momento del fragmento vemos hasta qué punto llega el rencor de la madre, cuando dice:

"porque con las uñas los desentierro y yo sola los machaco contra la tapia"

Desde el principio del fragmento, el rencor de la madre va en aumento; a medida que habla con el hijo va subiendo la tensión.

Pero aparecen otros elementos en el texto como son los detalles que nos recuerdan al costumbrismo. Aunque se trata de una tragedia, aparecen escenas propias de la vida familiar:

"Le compras unas medias caladas, y para ti dos trajes…"

La madre aconseja a su hijo para el día de la pedida. Ambos preparan cómo será el momento en que se reúnan las familias para la pedida de mano.

Podemos ver en el fragmento cómo a través del diálogo que mantienen madre e hijo se recuerdan escenas que ya han pasado y se anuncian escenas que van a ocurrir más adelante; desde el presente, se vuelve al pasado y se intuye el futuro.

Los temas que se tratan en la obra son muy variados: desde el sino o la fatalidad, eje central de la obra, hasta el tema de la riqueza y el dinero representado por los acuerdos matrimoniales. En el fragmento en concreto, el tema que se adelanta es el destino fatal de los personajes.

Respecto al estilo hay que señalar el empleo de metáforas como la de *navaja-serpiente* o de hipérboles como *"la desesperación me pica en los ojos y hasta en las puntas del pelo"*. Este tipo de exageraciones son muy típicas en el habla andaluza.

La lengua que utiliza Lorca en el fragmento, aunque huye de la utilización de dialectalismos y ruralismos, refleja fielmente el habla del campo. A través de las palabras nos sugiere multitud de imágenes.

Como conclusión podemos decir que con *"Bodas de sangre"*, Lorca no sólo consiguió éxito, sino que recuperó elementos de la tragedia griega y llevó el género teatral a su máxima expresión en el siglo XX.

Texto 2: *Pedro Salinas*

Perdóname por ir así buscándote
tan sorprendentemente, dentro
de ti.
Perdóname el dolor, alguna vez.

Es que quiero sacar
de ti tu mejor tú.
Ése que no te viste y que yo veo,
nadador por tu fondo, preciosísimo.
Y cogerlo
y tenerlo yo en alto como tiene
el árbol la luz última
que le ha encontrado al sol.
Y entonces tú
en su busca vendrías, a lo alto.
Para llegar a él
subida sobre ti, como te quiero,
tocando ya tan sólo a tu pasado
con las puntas rosadas de tus pies,
en tensión todo el cuerpo, ya ascendiendo
de ti a ti misma.

Y que a mi amor entonces le conteste
la nueva criatura que tú eras.

Comentario texto 2: *Pedro Salinas*

Pedro Salinas nació en Madrid en 1891. Estudió Derecho y Filosofía y letras. Fue profesor en las universidades de Sorbona y Cambrige. Murió en Boston en 1951.

Este poema perteneciente a su obra *"La voz a ti debida"* nos habla del amor; el poeta quiere expresar cómo el amor debe ser capaz de sacar lo mejor de la persona amada. Parece que Salinas lo ha encontrado y quiere sacarlo a la luz.

El poema empieza con una petición de perdón por parte del poeta. Él ha olvidado la apariencia externa y se ha centrado en la búsqueda de la belleza interior; algo que nadie ve… pero él sí.

En la segunda estrofa nos cuenta qué es lo que pretende:

*"Es que quiero sacar
de ti tu mejor tú."*

Con este juego de palabras, el poeta nos cuenta su intención; continúa diciendo:

*"Ése que no te viste y que yo veo,
nadador por tu fondo, preciosísimo.
Y cogerlo…"*

Salinas quiere vestir a la amada de aquello que ha encontrado dentro de ella. Hace referencia a su interior a través de la metáfora del nadador: algo profundo, sumergido… pero… *"preciosísimo"*.

La intención del poeta es cogerlo, sacarlo del interior. Es un trabajo duro, requiere un esfuerzo. El poeta ha de sumergirse muy hondo para encontrarlo, pero está dispuesto a conseguirlo.

Una vez conseguido, hay que sacarlo fuera, hay que exteriorizarlo:

*"y tenerlo yo en alto como tiene
el árbol la luz última,
que le ha encontrado al sol".*

Para el poeta es importante mostrar la belleza interior; una vez sacada hay que colocarla en un lugar visible.

Después vendría la búsqueda *de ella a ella misma*. Con esta paradoja se refleja la búsqueda de uno mismo:

*"Subida sobre ti, como te quiero,
tocando ya tan sólo a tu pasado
con las puntas rosadas de tus pies,
en tensión todo el cuerpo, ya ascendiendo
de ti a ti misma."*

En esta búsqueda hacia su nuevo *"Yo"*, la amada asciende *"de ella a ella misma"*. La idea de ascender entronca con la idea de trascendencia... *"ir hacia un lugar mejor"*, pero el pasado sólo lo toca *"con las puntas de los pies"*, como algo que ya ha quedado atrás, algo que ya está superado y a lo que no quiere volver.

También en esta estrofa el poeta no puede reprimir sus sentimientos e introduce un *"como te quiero"*, que refleja cómo disfruta viendo aquello de ella que estaba oculto. Parece una declaración espontánea, que al poeta se le escapa al contemplar la belleza interior que ha salido fuera.

Es importante señalar cómo el poeta juega con las palabras en el poema para conseguir distintos efectos: con los pronombres tú, ti, te...consigue musicalidad y dinamismo; con los encabalgamientos consigue destacar algunas palabras y así llamar nuestra atención sobre ellas:

*"tan sorprendente, dentro
de ti."*

Los verbos que el poeta utiliza participan en el dinamismo y en la agilidad del poema; son verbos de movimiento: *subir, llegar, ascender, venir...*

Al final del poema dice Salinas: *"la nueva criatura que tú eras"*. Con esa expresión hace referencia a que ya antes existía esa nueva criatura, pero estaba oculta, él ha tenido que buscarla y sacarla al exterior. Pero no es nueva ahora, ya lo era antes.

Para terminar debemos decir que el poema trata de un viaje alegórico de la belleza interior hacia el exterior. Un viaje guiado por el poeta, que nos invita a buscar dentro de nosotros lo mejor que tenemos para después mostrarlo a los demás.

Texto 3: *Sonetos del amor oscuro*

El poeta pide a su amor que le escriba

*"Amor de mis entrañas, viva muerte,
en vano espero tu palabra escrita
y pienso, con la flor que se marchita,
que si vivo sin mí quiero perderte.*

El aire es inmortal. La piedra inerte
ni conoce la sombra ni la evita.
Corazón interior no necesita
la miel helada que la luna vierte.

Pero yo te sufrí. Rasgué mis venas,
tigre y paloma, sobre tu cintura
en duelo de mordiscos y azucenas.

Llena pues de palabras mi locura
o déjame vivir en mi serena
noche del alma para siempre oscura."

Comentario de texto 3: *Sonetos del amor oscuro*

Los sonetos del amor oscuro de Lorca fueron escritos entre 1935 y 1936, aunque fueron publicados mucho después.

Estas composiciones son un gran ejemplo de erotismo y sensualidad. Este soneto en concreto, es desgarrador.

El *amor oscuro* parece hacer referencia al amor prohibido, a un amor oculto. La condición de homosexual del poeta, nos lleva a pensar que sus amores los mantenía en secreto, debido a la situación de represión que vivía España en esa época. De ahí el título.

El poeta habla del amor de una forma contundente, utilizando una gran sucesión de recursos estilísticos. Como el mismo título indica, el poeta, a través de estos versos, pide a su amor que le escriba. Vamos a ir analizando estrofa por estrofa:

En la primera estrofa aparece una antítesis muy significativa: "*Viva muerte*". Con ella el poeta nos dice como se siente al no encontrar respuesta de la persona amada. Es como si estuviera muerto en vida.

El poeta se compara con una flor que se marchita esperando; el tiempo va pasando y la flor se va estropeando. Así, está el poeta, marchitado, mustio; la espera lo está deteriorando.

El último verso de la primera estrofa dice:

"que si vivo sin mí quiero perderte."

Esta paradoja también muestra el estado del poeta; el poeta "*vive sin él*", es decir, vive sólo para el ser amado.

La segunda estrofa empieza comparando su amor con dos elementos: el aire y la piedra. Ambos se mantienen con el paso del tiempo; así es su amor, atemporal, inmortal... como el aire y eterno como la piedra.

Después aparece el *"Corazón"* personificado, la ausencia de artículo nos presenta a un *"corazón"* como personaje que siente y padece. Con esta personificación nos dice el poeta que su corazón no necesita nada, ya está saciado, colmado, henchido de amor.

A continuación comienza la parte más desgarradora del poema; dice el poeta:

> *"Pero yo te sufrí, rasgué mis venas,*
> *Tigre y paloma, sobre tu cintura*
> *En duelo de mordiscos y azucenas."*

El poeta sufre la distancia; a través de la hipérbole que utiliza en el primer verso vemos cómo es su dolor. Por otro lado aparece la violencia representada por el duelo entre el tigre y la paloma, la furia y la dulzura, la dureza y el sosiego. Con esta estrofa se hace alusión a la pasión desenfrenada que ha vivido el poeta anteriormente con la persona a la que le dedica estos versos. Quizá, recordar tanta pasión vivida, es lo que lo hacer sufrir. La ausencia lo tiene sumido en el sufrimiento.

Al final, el la cuarta estrofa, el poeta le hace la última petición:

> *"Llena pues de palabras mi locura*
> *o déjame vivir en mi serena*
> *noche del alma para siempre oscura."*

El poeta necesita que su amor le escriba, necesita *"llenar de palabras su locura"*, es decir, encontrar una explicación a tanto sin sentido. O su amor le escribe, o se condena a vivir para siempre en su *"noche oscura"*.

Esta alusión a la noche oscura, nos recuerda, indudablemente, al soneto de San Juan de la Cruz. En un sentido totalmente profano, Lorca identifica la noche oscura con la amargura, con el sinsentido. Este pleonasmo (noche oscura) sugiere cosas totalmente distintas a la noche oscura de San Juan, testigo del amor entre Dios y él.

La métrica es muy clara; se trata de un soneto. La elección de esta composición es muy acertada. Desde el siglo XVI, los poetas amorosos lo utilizaron para hablar del amor. Es, sin duda, un buen medio para expresar sentimientos amorosos.

TEXTOS PARA COMENTAR

Texto 1: *Luis Cernuda*

*No decía palabras,
acercaba tan sólo un cuerpo interrogante,
porque ignoraba que el deseo es una pregunta
cuya respuesta no existe,
una hoja cuya rama no existe,
un mundo cuyo cielo no existe.*

*La angustia se abre paso entre los huesos,
remonta por las venas,
hasta abrirse en la piel.
Surtidores de sueño
hechos carne en interrogación vuelta a las nubes.*

*Un roce la paso,
una mirada fugaz entre las sombras,
bastan para que el cuerpo se abra en dos,
ávido de recibir en sí mismo
otro cuerpo que sueñe;
mitad y mitad, sueño y sueño, carne y carne,
iguales en figura, iguales en amor, iguales en deseo.*

*Aunque sólo sea una esperanza.
Porque el deseo es una pregunta cuya respuesta nadie sabe.*

Texto 2: *Rafael Alberti*

Nocturno

*Cuando tanto se sufre sin sueño y por la sangre
se escucha que transita solamente la rabia,
que en los tuétanos tiembla despabilado el odio
y en las médulas arde continua la venganza,
las palabras entonces no sirven: son palabras.*

Balas. Balas.

Manifiestos, artículos, comentarios, discursos,
humaredas perdidas, neblinas estampadas.
¡Qué dolor de papeles que ha de barrer el viento,
que tristeza de tinta que ha de borrar el agua!

Balas. Balas.

Ahora sufro lo pobre, lo mezquino, lo triste,
lo desgraciado y muerto que tiene una garganta
cuando desde el abismo de su idioma quisiera
gritar lo que no puede por imposible, y calla.

Balas. Balas.

Siento esta noche heridas de muerte las palabras.

LITERATURA DE POSGUERRA

La literatura Española en torno al año 1936, entra en un proceso de rehumanización, es decir, trata los temas que afectan al ser humano. Esto fue una respuesta a la inestable situación que vivía el país. Después de esta literatura más humana, vendrá otra más social y reivindicativa, que servirá de arma para el combate ideológico.

La figura del poeta Miguel Hernández será clave en esta etapa. Ya desde antes de la guerra empezó a publicar sus poesías, pero sus grandes obras escritas en su etapa de madurez las realizará después del conflicto.

La poesía

Después de la guerra, aparecen dos tendencias distintas en lo que a poesía se refiere:
— Poesía arraigada: los poetas sienten arraigo en la realidad. A este grupo pertenecen autores como Luis Rosales o Leopoldo Panero.
— Poesía desarraigada: este tipo de poesía se centra en un ser humano angustiado por el paso del tiempo y la muerte. La poesía sirve de instrumento para cambiar la realidad. A este grupo pertenecen Blas de Otero y Gabriel Celaya, entre otros.

El teatro

Durante la guerra civil, el teatro fue prácticamente inexistente. Al acabar la guerra, reapareció como forma de evasión. El humor era la nota dominante el ese primer teatro de posguerra.

Más adelante este humor evolucionó con un sentido crítico. Destacan Enrique Jardiel Poncela y Miguel Mihura.

Entrando ya en la década de los cuarenta, llegará un teatro comprometido de la mano de Buero Vallejo. Este teatro reflejará las preocupaciones sociales.

La novela

El exilio de tantos autores durante la guerra no permitió la publicación de muchas de sus obras hasta los años sesenta.

Justo después de la guerra la narrativa se caracterizará por el realismo. Sin dejar lo social, los autores intentan reflejar la España del momento con estilos distintos: desde el realismo tremendista de Cela, pasando por la ironía de Torrente Ballester, hasta llegar al compromiso de Delibes.

COMENTARIO DE TEXTOS

Texto 1: *Elegía a Ramón Sijé*

*"Yo quiero ser llorando el hortelano
de la tierra que ocupas y estercolas,
compañero del alma, tan temprano.*

*Alimentando lluvias, caracolas
y órganos mi dolor sin instrumento,
a las desalentadas amapolas*

*daré tu corazón por alimento.
Tanto dolor se agrupa en mi costado,
que por doler me duele hasta el aliento.*

*Un manotazo duro, un golpe helado,
un hachazo invisible y homicida,
un empujón brutal te ha derribado.*

*No hay extensión más grande que mi herida,
lloro desventura y sus conjuntos
y siento más tu muerte que mi vida.*

*Ando sobre rastrojos de difuntos,
y sin calor de nadie y sin consuelo
voy de mi corazón a mis asuntos.*

*Temprano levantó la muerte el vuelo,
temprano madrugó la madrugada,
temprano estás rodando por el suelo.*

*No perdono a la muerte enamorada,
no perdono a la vida desatenta,
no perdono a la tierra ni a la nada.*

*En mis manos levanto una tormenta
de piedras, rayos y hachas estridentes
sedienta de catástrofes y hambrienta.*

Quiero escarbar la tierra con los dientes,
quiero apartar la tierra parte a parte
a dentelladas secas y calientes.

Quiero minar la tierra hasta encontrarte
y besarte la noble calavera
y desamordazarte y regresarte.

Volverás a mi huerto y a mi higuera:
por los altos andamios de las flores
pajareará tu alma colmenera

de angelicales ceras y labores.
Volverás al arrullo de las rejas
de los enamorados labradores.

Alegrarás la sombra de mis cejas,
y tu sangre se irán a cada lado
disputando tu novia y las abejas.

Tu corazón, ya terciopelo ajado,
llama a un campo de almendras espumosas
mi avariciosa voz de enamorado.

A las aladas almas de las rosas
del almendro de nata te requiero,
que tenemos que hablar de muchas cosas,
compañero del alma, compañero.

10 de enero de 1936

Comentario texto 1: *Elegía a Ramón Sijé*

Miguel Hernández nació en Orihuela (Alicante) en 1910. Abandonó sus estudios para dedicarse al pastoreo. Mientras cuidaba del rebaño, escribe sus primeros poemas. Fue un hombre autodidacta.

Al estallar la guerra civil, se alista en el bando republicano. Se casó con Josefina Manresa en 1937. Tras acabar la guerra es encarcelado. Muere, muy enfermo, en 1942 a la edad de 31 años.

Este poema es una elegía que Miguel Hernández dedica a su amigo, también escritor, Ramón Sijé.

En la lectura del poema se refleja el estado de ánimo del poeta. Este estado de ánimo va cambiando a medida que avanza el poema:

— De la estrofa 1 a la 7: Aceptación.
— De la estrofa 7 a la 11: Rebeldía.
— Estrofa 12: Transición.
— De la estrofa 13 a la 16: Sublimación.

Las tres primeras estrofas son un llanto del poeta sobre la tumba del amigo. Se ven reflejados el dolor y la tristeza:

"Yo quiero ser llorando el hortelano
de la tierra que ocupas y estercolas,
compañero del alma, tan temprano.
Alimentando lluvias, caracoles
y órganos mi dolor instrumento,
a las desalentadas amapolas
daré tu corazón por alimento..."

El poeta intenta aceptar la situación de la pérdida. La amapola representa el corazón, el color rojo es signo de la herida abierta.

La estrofa cuarta introduce la violencia en el poema; el poeta identifica la muerte con distintos elementos: *manotazo duro, golpe helado, hachazo invisible, empujón brutal...*

En la estrofa cinco, con una hipérbole muy gráfica, el poeta nos cuenta cómo es su dolor por la pérdida de su amigo:

"no hay extensión más grande que mi herida"

Después utiliza una antítesis:

"siento más tu muerte que mi vida."

A través de estos recursos literarios el poeta expresa claramente sus sentimientos al lector.

A partir de la estrofa 7 empieza la rebeldía. El poeta manifiesta la necesidad violenta de recuperar a su amigo. Los recursos de los que se sirve el poeta son los siguientes:

Las anáforas *"Quiero… Quiero"* son utilizadas para exigir la vuelta de su amigo. Por otro lado aparecen enfrentadas la *muerte enamorada* y la *vida desatenta*. Con esta antítesis metafórica, el poeta muestra su dolor; no existe el perdón para él. La muerte se ha enamorado de su amigo y la vida lo ha descuidado. Esta sería la explicación del recurso utilizado por Hernández.

La rebeldía queda también reflejada en otros versos:

"quiero escarbar la tierra con los dientes…"

Con la estrofa 12 se pretende una transición entre el estado de rebeldía y el de sublimación. Existe, ahora, una posibilidad de que su amigo vuelva. La posibilidad de regresar es mediante la sublimación. Esta es la manera de superar la muerte. *"El alma colmenera"* simboliza un alma donde puede seguir viviendo el amor; la abeja es símbolo del amor.

A partir de aquí se produce una unión del amigo con la naturaleza. Esta es la manera de mantenerlo vivo. Esta unión indisoluble lo hace eterno, inmortal. Ya los autores del 98 tendían a unir en su poesía el amor con el paisaje castellano, como una forma de sobrevivir a la muerte.

La presencia del almendro hace referencia al color blanco. Signo de pureza y de eternidad.

Ya se ha producido la sublimación; ahora el poeta tiene vivo a su amigo. Esa tierra de la que hablaba en la primera estrofa ha florecido dando vida al amigo muerto.

Respecto a la métrica, se trata de tercetos encadenados. Riman el primero y el tercero, quedando el segundo libre para rimar con el primero y el tercero de la siguiente estrofa.

Con estas composiciones se consigue agilidad en la lectura, agilidad que frena el desgarro del poeta en algunas partes del poema.

Texto 2: *Historia de una escalera*

FERNADO. *No. Te lo suplico. No te marches. Es preciso que me oigas… y me creas. Ven.*

(la lleva al primer peldaño)
Como entonces.
(con un ligero forcejeo la obliga a sentarse contra la pared y se sienta a su lado. Le quita la lechera y la deja junto a él. Le coge una mano.)

CARMINA. *¡Si nos ven!*
FERNANO. *¡Que nos importa! Carmina, por favor, créeme. No puedo vivir sin ti. Estoy desesperado. Me ahoga la ordinariez que nos rodea. Necesito que me quieras y que me consueles. Si no me ayudas no podré salir adelante.*
CARMINA. *¿Por qué no se lo pides a Elvira?*
(pausa. Él la mira, excitado, alegre)
FERNANDO. *¡Me quieres! ¡Lo sabía!¡ Tenías que quererme!*
(le levanta la cabeza. Ella sonríe involuntariamente)
¡Carmina! ¡Carmina!
(Va a besarla, pero ella le detiene.)
CARMINA. *¿Y Elvira?*
FERNANDO. *¡La detesto! Quiere cazarme con su dinero. ¡No la puedo ver!*
CARMINA. *(con una risita) ¡Yo tampoco!*
(ríen felices)
FERNANDO. *Ahora tendría que preguntarle yo: ¿Y Urbano?*
CARMINA. *¡Es un buen chico! ¡Estoy loca por él! (Fernando se enfurruña) ¡Tonto!*
FERNANDO. *(Abrazándola por el talle.) Carmina, desde mañana voy a trabajar de firme por ti. Quiero salir de esta pobreza, de este sucio ambiente. Salir y sacarte a ti. Dejar para siempre los chismorreos, las broncas entre vecinos… acabar con la angustia del dinero escaso, de los favores que abochornan como una bofetada, de los padres que nos abruman con su torpeza y su cariño servil, irracional…*
CARMINA. *(Represiva) ¡Fernando!*
FERNANDO. *Sí. Acabar con todo esto. ¡Ayúdame tú! Escucha: voy a estudiar mucho, ¿sabes? Mucho. Primero me haré delineante. ¡Eso es fácil! En un año… como para entonces ya ganaré bastante, estudiaré para aparejador. Tres años. Dentro de cuatro años seré un aparejador solicitado por todos los arquitectos. Ganaré mucho dinero. Por entonces tú serás ya mi mujercita, y viviremos en otro barrio, en un pisito limpio y tranquilo. Yo*

seguiré estudiando. ¿Quién sabe? Puede que entonces me haga ingeniero. Y como una cosa no es incompatible con la otra, publicaré un libro de poesías, un libro que tendrá mucho éxito...

CARMINA. *(Que le ha escuchado extasiada) ¡Que felices seremos!*

FERNANDO. *¡Carmina! (se inclina para besarla y da un golpe con le pie a la lechera, que se derrama estrepitosamente. Temblorosos, se levantan los dos y miran, asombrados, la gran mancha en el suelo.)*

Comentario de texto 2: *Historia de una escalera*

Antonio Buero Vallejo nació en Guadalajara en 1916. Le interesó la pintura en su juventud. En la guerra civil española participó en el bando republicano llegando a ir a prisión. Fue miembro de la Real Academia Española en 1971. Murió en Madrid en el año 2000.

Este autor de posguerra cultivó distintos tipos de teatro: desde uno simbolista, en el que refleja las limitaciones humanas, pasando por uno social, donde analiza la sociedad española, hasta la creación de dramas históricos.

Historia de una escalera estaría dentro de su teatro social. En esta obra trata el tema de la frustración y la impotencia de la clase trabajadora para poder salir adelante. Se ve reflejada en la obra una sociedad de posguerra incapaz de avanzar hacia el futuro.

La obra se divide en tres actos, cada uno correspondiente a un momento distinto de la historia. El tiempo es muy importante en esta obra, ya que trascurren 30 años desde el primer acto al tercero.

Este fragmento pertenece al primer acto. En él dos de los protagonistas hablan de futuro, un proyecto común que no se llegará a realizar.

En la conversación que mantienen Fernando y Carmina vemos la declaración de amor por parte de Fernando. Ambos estaban comprometidos, pero realmente, el amor que sienten es recíproco. El amor que Fernando manifiesta a Carmina va unido a una serie de compromisos y promesas que el joven le hace a la chica. Es aquí donde vemos cómo Buero quiere, a través de sus personajes, reflejar una sociedad cansada de estar condenada al hastío, al fracaso. La intención de Fernando es estudiar, conseguir un buen trabajo y ganar dinero para salir del vecindario. Pero esto es un autoengaño, una ilusión. Cuando dice:

"desde mañana voy a trabajar firme por ti"

Esa afirmación no es creíble. Es algo que no ha conseguido antes y que no va a conseguir ahora. Parece como si estuviera condenado a no salir de esa situación. En esta conversación se imaginan un mundo mejor que no llegará nunca.

En las acotaciones se ve cómo los argumentos son fruto de una ilusión, cuando dice que Carmina lo escuchaba extasiada. Esa imagen simboliza lo irreal del asunto.

En lo referente al cronotopos, la escalera, escenario único de la obra, da la sensación de inmovilidad. Esta inmovilidad es la misma a que los personajes están sometidos. Por otra parte, el tiempo, es importante, ya que aparecen tres distintos, uno en cada acto, transcurriendo treinta años desde el principio hasta el final de la obra.

Al continuar con la lectura de la obra vemos cómo las promesas que Fernando hace a Carmina no se han cumplido. Y como su proyecto de vida en común no se ha llevado a cabo: cada uno se casará y harán vidas separadas; sus hijos Fernando y Carmina (con los mismos nombres que sus progenitores) se enamoren y repitan una historia parecida a la de sus padres.

Buero Vallejo se sirve de esta obra para poner de manifiesto aspectos muy criticables de la España del momento. Tras la guerra y con la dictadura de Franco, la sociedad quedó anclada económica e ideológicamente. Es esto lo que critica el dramaturgo. Aunque pueda parecer una comedia, *Historia de una escalera* tiene mucho de tragedia; la tragedia de querer y no poder, el intentar salir y no conseguirlo. Con esto Buero quiere representar aspectos negativos de la dictadura Franquista, como el inmovilismo y la represión. Para ello se ayuda de distintos símbolos como el de la escalera propiamente.

El lenguaje que utiliza el autor mezcla lo culto (empleado por le narrador), con lo vulgar o familiar (empleado por los protagonistas).

TEXTOS PARA COMENTAR

Texto 1: Gabriel Celaya

Poesía para el pobre, poesía necesaria
como el pan de cada día,
como el aire que exigimos trece veces por minuto,
para ser y en tanto somos dar un sí que glorifica.

Porque vivimos a golpes, porque apenas si nos dejan
decir que somos quien somos,
nuestros cantares no pueden ser sin pecado un adorno.
Estamos tocando el fondo.

Maldigo la poesía concebida como un lujo
cultural por los neutrales
que, lavándose las manos, se desentienden y evaden.
Maldigo la poesía de quien no toma partido hasta marcharse.

Hago mías las faltas. Siento en mí a cuantos sufren
y canto respirando.
Canto y canto, y cantando más allá de mis penas
personales, me ensancho.

Quisiera daros la vida, provocar nuevos actos,
y calculo por eso con técnica, qué puedo.
me siento un ingeniero del verso y un obrero
que trabaja con otros a España en sus aceros.

Tal es mi poesía: poesía-herramienta
a la vez que latido de lo unánime y ciego.
Tal es, arma cargada de futuro expansivo
con que te apunto al pecho.

No es una poesía gota a gota pensada.
No es un bello producto. No es un fruto perfecto.

Es algo como el aire que todos respiramos
y es el canto que espacia cuanto dentro llevamos.

Son palabras que todos repetimos sintiendo
como nuestras, y vuelan. Son más que lo mentado.
Son lo más necesario: lo que tiene nombre.
Son gritos en el cielo, y en la tierra, son actos.

Texto 2: *Blas de Otero*

Aquí tenéis, en canto y alma, al hombre
aquel que amó, murió por dentro
y un buen día bajó a la calle: entonces
comprendió: y rompió todos sus versos.

Así es, así fue. Salió una noche
echando espuma por los ojos, ebrio
de amor, huyendo sin saber adónde:
a donde el aire no apestase a muerto.

Tiendas de paz, brizados pabellones,
eran sus brazos, como llama al viento;
olas de sangre contra el pecho, enormes
olas de odio, ved, por todo el cuerpo.

¡Aquí! ¡Llegad! ¡Ay! Ángeles atroces
en vuelo horizontal cruzan el cielo;
horribles peces de metal recorren
las espaldas del mar, de puerto a puerto.

Yo doy todos mis versos por un hombre
en paz. Aquí tenéis, en carne y hueso,
mi última voluntad. Bilbao, a once
de abril, cincuenta y uno.

TEXTOS
DE LA
LITERATURA
EUROPEA

EDAD MEDIA

Texto 1: *La chanson de Roland*

VIII

El emperador se muestra alegre; está de buen humor, pues ya conquistó Cordres. Ha destruido sus murallas y ha abatido las torres con sus catapultas. Sus caballeros han hallado gran botín: oro, plata y preciosas armaduras. Ni un solo infiel quedó en la villa: todos murieron o fueron bautizados.

El emperador se halla en un gran vergel: junto a él, están Roldán y Oliveros, el duque Sansón y el altivo Anseís, Godofredo de Anjeo, gonfalonero del rey, y también Garín y Gerer, y con ellos muchos más: son quince mil de Francia, la dulce. Los caballeros se sientan sobre blancas alfombras de seda; los más juiciosos y los ancianos juegan a las tablas y al ajedrez para distraerse, y los ágiles mancebos esgrimen sus espadas. Bajo un pino, cerca de una encina, se alza un trono de oro puro todo él: allí se sienta el rey que domina a Francia, la dulce. Su barba es blanca, y floridas sus sienes; su cuerpo es hermoso, su porte altivo: no hay necesidad de señalarlo al que lo busque. Y los mensajeros echan pie a tierra y lo saludan con amor y respeto.

IX

Blancandrín es el primero en hablar. Dícele al rey:

—¡Os saludo en nombre del glorioso Dios que debemos adorar! Oíd lo que os manda decir el valeroso rey Marsil. Se ha instruido en la ley salvadora; por ello quiere daros riquezas a profusión, osos y leones, perros que se pueden llevar con correa, setecientos camellos y mil azores mudados, cuatrocientas mulas, cargadas de oro y plata, cincuenta carros con los que formaréis un cortejo, y colmados de tantos besantes de oro fino que podréis pagar con largueza a vuestros mercenarios. Durante largo tiempo permanecisteis en esta tierra. A Aquisgrán, en Francia, os convendría regresar. Allí os seguirá, os lo promete, mi señor.

El emperador alza las manos hacia Dios, inclina la cabeza y se pone a meditar.

X

El emperador mantiene inclinada la cabeza. Jamás fueron apresuradas sus palabras: tal es su costumbre, sólo habla cuando le viene en gana. Cuando por fin se yergue, resplandece de orgullo su rostro.

–Habéis hablado muy bien –contesta a los mensajeros–. Mas el rey Marsil es mi gran enemigo. ¿Qué garantía tendré yo sobre las palabras que acabáis de pronunciar?

–Tendréis rehenes –replica el sarraceno–. Diez, quince o veinte. Así deba perecer, pondré con ellos a un hijo mío, y recibiréis, según creo, otros de mayor alcurnia. Cuando os encontréis en vuestro soberbio palacio, durante la gran fiesta de San Miguel del Peligro, estará junto a vos mi señor, os lo asegura. Allí, en vuestras fuentes, que Dios hizo para vos, quiere recibir el bautismo.

Responde Carlos:

–Quizá pueda alcanzar aún la salvación.

Comentario Texto 1: *La Chanson de Roland*

La canción de Roldán es un poema épico de varios miles de versos escrito en francés antiguo en torno al siglo XI. La autoría aún no está clara; aunque se le atribuye a un monje normando llamado Turoldo. Es el cantar de gesta más antiguo de Europa. En él se narra la batalla de Roncesvalles, aunque deformando los hechos históricos. Los hechos han sido adornados para darle un carácter más épico y heroico al poema. Este cantar se escribió tres siglos después de los hechos; esto puede ser también motivo de tanta imprecisión: Roldán, que era el conde de la Marca de Bretaña, aquí, aparece convertido en sobrino de Carlomagno, que en su nombre luchará en la batalla de Rocesvalles junto a un amigo imaginario, Olivier.

El argumento de la Canción es el siguiente: el rey Carlomagno lleva siete años combatiendo contra los Sarracenos (musulmanes) en España. Una vez conquistada Córdoba, se dirige a Zaragoza, aún musulmana, gobernada por el rey Marsín.

En su intento por salvar la ciudad, el rey Marsín se dejó aconsejar por un caballero llamando Blancandrín. Éste sugirió al rey que enviara a Carlomagno grandes regalos y que le pidiera volver a Francia; una vez allí le rendiría homenaje y se convertiría al cristianismo. Pero todo esto era un plan para acabar con el Emperador.

Bien, en este fragmento vemos cómo el enviado del rey Marsín, Blancandrín, se presenta ante Carlomagno con el mensaje de rey musulmán.

Aparecen en el texto diversos elementos propios de la literatura épica medieval; el tema bélico y el religioso van unidos, al igual que en la épica hispánica.

Dice el texto:

"Ha destruido sus murallas y ha abatido las torres con sus catapultas"

"ni un solo infiel quedó en la villa: todos murieron o fueron bautizados."

Se refiere a la conquista de la ciudad de Cordres, ciudad musulmana conquistada por Carlomagno. En ella lograron convertir al cristianismo a todos los habitantes que quedaron vivos.

Pero es en el segundo párrafo donde vemos claramente cómo aparece exaltada la figura de Carlomagno:

"allí se sienta el rey que domina a Francia, la dulce. Su barba es blanca, y floridas sus sienes; su cuerpo es hermoso, su porte altivo: no hay necesidad de señalarlo al que lo busque. Y los mensajeros echan pie a tierra y lo saludan con amor y respeto."

Con estas palabras queda de manifiesto la finalidad del poema épico; la figura del héroe es fundamental en la construcción de estos poemas. Los hechos históricos pasan a un segundo plano, lo que importa es la exaltación de la figura del héroe.

A continuación, Blancandrín relata al emperador todos los regalos que su rey quiere ofrecerle:

"quiere daros riquezas a profusión, osos y leones, perros que se pueden llevar con correa, setecientos camellos y mil azores mudados, cuatrocientas mulas, cargadas de oro y plata, cincuenta carros con los que formaréis un cortejo, y colmados de tantos besantes de oro fino que podréis pagar con largueza a vuestros mercenarios."

Son presentes propios de un emperador: *oro, plata, camellos…* Pero es la conversión del rey lo que convence al emperador. En esta época de

161

conquistas, lo primero era sitiar una ciudad, conquistarla y convertirla al cristianismo. La conversión era la prueba de la victoria. Por eso el texto empieza recordando la victoria en la ciudad de Cordres. Los Francos lograron frenar el avance musulmán iniciado en la península; ahora el imperio Carolingio intenta arrebatar territorios a los musulmanes. En este caso se trata de Zaragoza, la única ciudad tomada por los sarracenos, de ahí el interés de Carlomagno por conquistarla.

El fragmento termina con estas palabras de Carlomagno:

"Quizá pueda alcanzar aún la salvación."

La salvación del rey Marsil, para Carlomagno, está en su conversión. Pero no se refiere a la salvación divina, que también, sino a la salvación de su vida. Al convertirse al cristianismo y al entregar Zaragoza *"quizá pueda alcanzar aún la salvación"*.

Como conclusión podemos decir que *La Chanson de Roland* es el primer testimonio que tenemos en Europa de literatura épica medieval. Su homólogo en España, el *Cantar de Mío Cid*, aunque sigue la misma línea, es más fiel a la historia. *La Chanson* introduce elementos ficticios para ayudar al carácter épico y heroico, aunque el estilo de ambas es parecido.

Texto 2: *El Decámeron*

Los tres anillos

Años atrás vivió un hombre llamado Saladino, cuyo valor era tan grande que llegó a sultán de Babilonia y alcanzó muchas victorias sobre los reyes sarracenos y cristianos. Habiendo gastado todo su tesoro en diversas guerras y en sus incomparables magnificencias, y como le hacía falta, para un compromiso que le había sobrevenido, una fuerte suma de dinero, y no veía de dónde lo podía sacar tan pronto como lo necesitaba, le vino a la memoria un acaudalado judío llamado Melquisedec, que prestaba con usura en Alejandría, y creyó que éste hallaría el modo de servirle, si accedía a ello; mas era tan avaro, que por su propia voluntad jamás lo habría hecho, y el sultán no quería emplear la fuerza; por lo que, apremiado por la necesidad y decidido a encontrar la manera de que el judío le sirviese, resolvió hacerle una consulta que tuviese las apariencias de razonable. Y habiéndolo mandado llamar, lo recibió con familiaridad y lo hizo sentar a su lado, y después le dijo:

– Buen hombre, a muchos he oído decir que eres muy sabio y muy versado en el conocimiento de las cosas de Dios, por lo que me gustaría que me dijeras cuál de las tres religiones consideras que es la verdadera: la judía, la mahometana o la cristiana.

El judío, que verdaderamente era sabio, comprendió de sobra que Saladino trataba de atraparlo en sus propias palabras para hacerle alguna petición, y discurrió que no podía alabar a una de las religiones más que a las otras si no quería que Saladino consiguiera lo que se proponía. Por lo que, aguzando el ingenio, se le ocurrió lo que debía contestar y dijo:

– Señor, intrincada es la pregunta que me haces, y para poderte expresar mi modo de pensar, me veo en el caso de contarte la historia que vas a oír. Si no me equivoco, recuerdo haber oído decir muchas veces que en otro tiempo hubo un gran y rico hombre que entre otras joyas de gran valor que formaban parte de su tesoro, poseía un anillo hermosísimo y valioso, y que queriendo hacerlo venerar y dejarlo a perpetuidad a sus descendientes por su valor y por su belleza, ordenó que aquel de sus hijos en cuyo poder, por legado suyo, se encontrase dicho anillo, fuera reconocido como su heredero, y debiera ser venerado y respetado por todos los demás como el mayor. El hijo a quien fue legada la sortija mantuvo semejante orden entre sus descendientes, haciendo lo que había hecho su antecesor, y en resumen: aquel anillo pasó de mano en mano a muchos sucesores, llegando por último al poder de uno que tenía tres hijos bellos y virtuosos y muy obedientes a su padre, por lo que éste los amaba a los tres de igual manera. Y los jóvenes, que sabían la costumbre del anillo, deseoso cada uno de ellos de ser el honrado entre los tres, por separado y como mejor sabían, rogaban al padre, que era ya viejo, que a su muerte les dejase aquel anillo. El buen hombre, que de igual manera los quería a los tres y no acertaba a decidirse sobre cuál de ellos sería el elegido, pensó en dejarlos contentos, puesto que a cada uno se lo había prometido, y secretamente encargó a un buen maestro que hiciera otros dos anillos tan parecidos al primero que ni él mismo, que los había mandado hacer, conociese cuál era el verdadero. Y llegada la hora de su muerte, entregó secretamente un anillo a cada uno de los hijos, quienes después que el padre hubo fallecido, al querer separadamente tomar posesión de la herencia y el honor, cada uno de ellos sacó su anillo

como prueba del derecho que razonablemente lo asistía. Y la hallar los anillos tan semejantes entre sí, no fue posible conocer quién era el verdadero heredero de su padre, cuestión que sigue pendiente todavía. Y esto mismo te digo, señor, sobre las tres leyes dadas por Dios Padre a los tres pueblos que son el objeto de tu pregunta: cada uno cree tener su herencia, su verdadera ley y sus mandamientos; pero en esto, como lo de los anillos, todavía está pendiente la cuestión de quién la tenga.

Saladino conoció que el judío había sabido librarse astutamente del lazo que le había tendido, y, por lo tanto, resolvió confiarle su necesidad y ver si le quería servir; así lo hizo, y le confesó lo que había pensado hacer si él no le hubiese contestado tan discretamente como lo había hecho. El judío entregó generosamente toda la suma que el sultán le pidió, y éste, después lo satisfizo por entero, lo cubrió de valiosos regalos y desde entonces lo tuvo por un amigo al que conservó junto a él y lo colmó de honores y distinciones.

Comentario de texto 2: *El Decámeron*

Hijo ilegítimo del mercader Boccaccio di Chelino, Giovanni Boccaccio nació en 1313, probablemente en Florencia. Tras algunos fracasos en los estudios se dedicó por completo a las letras. Se enamoró de Fiammetta, que le abrió las puertas de la corte y lo ayudó en su carrera literaria.

Escribió varias obras en su juventud como *La caza de Diana, la Teseida* o *Elegía de Madonna Fiammetta*, pero su éxito más rotundo fue *El Decámeron*, ya en la madurez.

La obra, formada por una serie de cuentos (subgénero narrativo propio de la edad media), trata de un grupo de jóvenes que se reúnen en la iglesia de Santa María Novella tras la peste que asoló a la ciudad de Florencia. En la iglesia, deciden retirarse a una villa alejada de la ciudad para escapar de la peste. Una vez en la villa, y para olvidar los horrores dejados atrás, se cuentan una serie de historietas. En la villa permanecen 14 días, pero los viernes y los sábados no se cuentan historias, por lo que solo se cuentan durante diez días, de ahí el nombre de la obra.

En total son cien cuentos con distinta extensión.

En este cuento en concreto se nos narra la historia de un hombre llamado Saladino y de un judío, Melquisedec. Saladino es un sultán arruinado que necesita dinero y recurre al judío, que es usurero en Alejandría; la usura, era un oficio condenado por la iglesia católica en esta época. Los judíos, enriquecidos muchos de ellos, la practicaron durante la edad media.

Cuando Saladino lo tiene delante, antes de pedirle lo que desea, le hace una pregunta que da pie a la historia que el judío cuenta a continuación:

"Buen hombre, a muchos he oído decir que eres muy sabio y muy versado en el conocimiento de las cosas de Dios, por lo que me gustaría que me dijeras cuál de las tres religiones consideras que es la verdadera: la judía, la mahometana o la cristiana."

Boccaccio plantea el tema de las distintas religiones. En este momento se vive inmerso en la crisis de la baja edad media; esta crisis afectó a la política y la religión. El humanismo empezaba ya extenderse por Europa y el cristianismo empezó a perder fuerza. A esto hay que sumarle la presencia musulmana en la península ibérica. Con esta situación, Boccaccio, nos plantea una pregunta a través de su personaje:

¿Qué religión es la verdadera?

Pero lo sorprendente no es la pregunta, sino la respuesta en forma de cuento que nos relata el judío. Es este el momento en el que se narra la historia de los tres anillos: el anillo, símbolo de la sucesión y continuidad en el trono, era deseado por los tres hijos de un rey. Los tres hijos lo merecían por igual, lo que llevó al padre a hacer dos anillo más exactamente iguales hasta el punto de no poder distinguirlos.

Con esta alegoría Boccaccio reniega de la veracidad de la religión católica. En vez de autentificarla, la equipara a la judía y a la musulmana. Al igual que no se puede distinguir el anillo verdadero, lo mismo pasa con las religiones.

Por otro lado se ve en el texto cómo la astucia de Saladino se ve frustada por el ingenio del judío. Éste, sabiendo lo que pretendía Saladino, recurre al cuento para esquivar la pregunta.

La finalidad de la obra de Boccaccio podría ir en la línea de la prosa didáctica en España. La estructura y la finalidad nos recuerdan a la obra *El Conde Lucanor*, de Don Juan Manuel.

En *El Decámeron* se empiezan a apreciar una serie de cambios con la literatura anterior. Se insinúan ya temas del Renacimiento y la temática se aleja de lo impuesto en la Edad Media. Es sin duda, un ejemplo de transición entre dos épocas.

El estilo, en la línea de la prosa didáctica es sencillo. El léxico empleado es conciso y alejado de toda retórica. Esto facilita la comprensión por parte del lector.

Texto 3: *Petrarca*

No tengo paz ni puedo hacer la guerra;
temo y espero, y del ardor al hielo paso,
y vuelo para el cielo, bajo a la tierra,
nada aprieto, y a todo el mundo abrazo.
Prisión que no se cierra ni des-cierra,
no me detiene ni suelta el duro lazo;
entre libre y sumisa el alma errante,
no es vivo ni muerto el cuerpo lacio.
Veo sin ojos, grito en vano;
sueño morir y ayuda imploro;
a mí me odio y a otros después amo.
me alimenta el dolor y llorando reí;
la muerte y la vida al fin deploro:
en este estado estoy, mujer, por ti.

Comentario texto 3: *Petrarca*

Francesco Petrarca nació en Arezzo en 1304. Vivió durante toda su infancia en Aviñón. Estudió en la universidad de Bolonia. Su vida transcurrió al servicio de la iglesia. Su influencia fue sorprendente en la literatura europea: Garcilaso de la Vega, William Shakespeare o Quevedo siguieron sus pasos.

Su obra más importante es su *Canzoniere*; es aquí donde aparece idealizado su amor por Laura, mujer que conoció en 1327 y con la que sintió una pasión pura y constante.

Su utilización del soneto y del verso endecasílabo encandiló a los escritores de los siglos posteriores, que continuaron escribiendo en esa línea. Fue, sin duda, uno de los iniciadores del Renacimiento.

Murió en Arqua en 1374.

El poema que proponemos es un soneto de su *Canzoniere*; en él podemos ver la temática amorosa y la idealización de la amada. Ambos temas son propios del inminente renacimiento. Leyendo ahora los sonetos de Garcilaso, podemos ver cómo la influencia de Petrarca es sorprendente.

Esta composición poética está llena de recursos estilísticos que vamos a ir viendo poco a poco:

El poema nos cuenta el estado del poeta por su amada. Con una sucesión de antítesis metafóricas vamos viendo el estado en el que el poeta se encuentra. Las antítesis muestran inquietud, incoherencia, sin sentido… La primera que aparece es *paz-guerra*. El poeta está agitado; no está en paz, pero tampoco puede hacer la guerra. Después dice:

*"del **ardor** al **hielo** paso"*

La temperatura del poeta cambia como su estado de ánimo. Sigue diciendo:

*"vuelo para el **cielo**, bajo a la **tierra**"*

Toda esta sucesión de antítesis consiguen crear un efecto de angustia, de incertidumbre. Parece que el poeta sufre por su amada.

El último verso de la primera estrofa es una paradoja: *"nada aprieto, y a todo el mundo abrazo"*. La paradoja, en la línea de la antítesis, es un recurso que se utiliza para crear confusión o, en este caso, incertidumbre.

En la siguiente estrofa aparece *la prisión*; es aquí donde se siente el poeta. Pero es una prisión que no está cerrada del todo. El poeta está condenado, por la indiferencia de la amada, a vivir en esta situación. Parece como si la amada jugara con él a su antojo, aprovechando el amor incondicional del poeta.

Ante esta situación el poeta desea la muerte, así lo dice en el poema:

*"sueño morir y ayuda imploro,
A mí me odio y a otros después amo."*

Al no recibir lo que busca de la amada, el poeta desea la muerte, se odia a sí mismo. Pero hacia ella no sale el odio, ni el rencor; su amor es incondicional.

El último terceto es muy contundente. El poeta se alimenta de su dolor. Con esta hipérbole nos hacemos una idea del estado del poeta. A continuación vuelve a utilizar otra antítesis: *"llorando reí"*; esta imagen alude a la locura del poeta por el amor de la amada.

El último verso va dirigido a la amada directamente. En él la culpa de su estado. La mujer aparece como objeto de deseo, como ídolo capaz de someter a cualquier hombre.

El estilo que utiliza Petrarca es un estilo cargado de ornamentación. Los recursos literarios son abundantes aunque el vocabulario que utiliza es sencillo.

Respecto a la métrica, como ya hemos dicho, se trata de un soneto, compuesto por dos cuartetos y dos tercetos de versos endecasílabos.

EL SIGLO XVI

Texto 1: *Willian Shakespeare*

Soneto CXLII

*Mi amor es como la fiebre que en el ansia hierva
de lo que alonga más la enfermedad y atiza,
consumiendo lo que del mal aún preserva
en complacer la incierta gana y enfermiza.*

*Mi razón, médico de amor, todo enojado
de ver que no se observa lo que dictamina,
me abandonó, y lo veo ya desesperado:
muerte es deseo que rechaza medicina.*

*Desahuciado estoy; sin cura mi razón,
loca furiosa ahora, más y más me agita;
mis ideas y frases como un loco son,*

*sin tino y fuera de verdad que en vano grita;
pues te he jurado hermosa y te vi clara y pura,
tú, más negra que el infierno y más que noche oscura.*

Comentario Texto 1: *William Shakespeare*

William Shakespeare nació en Warwickshire (Inglaterra) en 1564. Se casó con Anne Hathaway y tuvo tres hijos. Trabajó en Londres como dramaturgo a finales del siglo XVI. Pronto se convirtió en actor, escritor y copropietario de su compañía teatral. En 1611 se retiró a su pueblo natal, donde murió en 1616.

Podemos considerar a este autor inglés como renacentista o Barroco, dependiendo de la obra que cojamos. Lo cierto es que la influencia de Petrarca en su obra en notable, así como su total entrega al teatro, propio del siglo XVII.

Este soneto es un claro ejemplo de la literatura renacentista. En él aparecen dos temas atemporales: el amor y la muerte.

La primera estrofa se la dedica al amor: para él el amor es como la fiebre que lo lleva a caer enfermo, *enfermo de amor*. Esta metáfora es muy utilizada en la literatura amorosa. El amor, entendido como enfermedad, como algo que hace salir de sí al poeta, llega a ser un dolor físico.

En la segunda estrofa aparece la razón. Podemos considerar esto como una antítesis: *amor-razón*, ya que ambos elementos no pueden coexistir.

Para el poeta la razón es *el médico del amor*, ya que es lo único que lo cura. Cuando la razón aparece, desaparece el sentimiento. La razón aquí aparece personificada, como un personaje que contempla *enojado* los destrozos que el amor hace en el poeta:

*"Mi razón, médico del amor, todo enojado
de ver que no se observa lo que dictamina..."*

En esta ocasión, *el amor* no obedece a *la razón*. Este es un combate en que ganan los sentimientos. Pero al final de la estrofa dice el poeta:

"muerte es deseo que rechaza medicina."

Aquí el amor aparece comparado con la muerte; para el poeta el sufrimiento que conlleva el amor lo lleva a la muerte ontológica; su ser queda mermado por la acción del amor. Es un amor que el poeta no puede controlar.

Más adelante se siente desahuciado, sin cura:

*"Desahuciado estoy; sin cura mi razón,
loca furiosa ahora, más y más me agita..."*

En este punto el amor torna a locura; el poeta pierde el control sobre sí mismo: *"mis ideas y frases como un loco son..."*

Es ella la causa de su dolor, ella es la culpable de su locura. El poeta parece estar cegado, pero al final la ve distinta:

*"pues te he jurado hermosa y te vi clara y pura,
tú, más negra que el infierno y más que noche oscura."*

La amada pasa de ser *clara y pura* a *negra y oscura*. Aparece la noche oscura, pleonasmo utilizado por distintos poetas para hablar del amor. En este caso, esta *oscuridad* no tiene el sentido que le da San Juan de la Cruz en su poema *Noche Oscura*; Aquí tiene connotaciones negativas. El poeta ha estado engañado viendo la pureza de la amada, pero al final se da cuenta de que no es así. Para ello incluso alude al infierno, lugar en que se ha encontrado él todo este tiempo sufriendo por amor.

El polisíndeton es frecuente en el poema, sobre todo al final, ayudando al estado de excitación del poeta:

"Desahuciado estoy; sin cura mi razón,
loca furiosa ahora, más y más me agita;
mis ideas y frases como un loco son,

sin tino y fuera de verdad que en vano grita;
pues te he jurado hermosa y te vi clara y pura,
tú, más negra que el infierno y más que noche oscura."

En la métrica vemos la influencia clara de Petrarca con la adquisición del soneto. Los versos son endecasílabos y la rima es consonante.

El estilo es brillante; en la línea de la poesía amorosa del XVI, abundan los recursos estilísticos y formales.

EL SIGLO XVII

Texto 1: *El Tartufo*

ACTO III ESCENA III
[ELMIRA, TARTUFO.]

TARTUFO. *Que el Cielo, con su bondad infinita, os conceda la salud del alma y del cuerpo y bendiga vuestros días tanto como lo desea el más humilde de todos aquellos que su amor divino inspira.*

ELMIRA. *Mucho os agradezco tan piadosos votos. Pero tomemos asiento para estar más cómodos.*

TARTUFO. *¿Cómo os encontráis de vuestra indisposición, señora?*

ELMIRA. *Muy bien; la fiebre no tardó en remitir.*

TARTUFO. *Mis plegarias carecen del suficiente mérito para haber propiciado semejante gracia divina. Más justo es que sepáis que todas y cada una de las piadosas súplicas que he dirigido al Altísimo sólo tenían por objeto vuestra pronta curación.*

ELMIRA. *Vuestro afecto por mí se ha excedido un tanto en su inquietud.*

TARTUFO. *Nada puede ser excesivo tratándose de algo tan apreciado como vuestra propia salud. Hubiera dado la mía con tal de restablecerla.*

ELMIRA. *Eso es llevar muy lejos la caridad cristiana; mucho os debo por todas esas bondades.*

TARTUFO. *Hago por vos bastante menos de lo que os merecéis.*

ELMIRA. *Quisiera hablaros en secreto de un asunto, y me alegra comprobar que podemos estar aquí tranquilos sin que a nadie le dé por espiarnos.*

TARTUFO. *Yo también estoy encantado, señora, y no puedo por menos de deciros que me resulta muy grato encontrarme aquí a solas con vos: es una gracia que siempre pedí al Cielo sin que hasta este momento me la hubiera concedido.*

ELMIRA. *Pues lo que yo deseo de vos es que, en este breve cambio de impresiones, me abráis vuestro corazón por entero y sin ocultarme nada.*

TARTUFO. *Yo tampoco deseo gracia más singular que mostrar ante vuestros ojos mi alma entera y juraros que todas las recriminaciones que vengo haciendo con motivo de las visitas que aquí acuden atraídas por* vuestros muchos encantos, en modo alguno están motivadas por el rencor, sino más bien por un celoso arrebato que me mueve y un puro impulso...

ELMIRA. *Así lo interpreto yo también. Pues bien veo que es el cuidado de mi alma lo que origina en vos tales desvelos.*

TARTUFO. *(Estrechándole la punta de los dedos.) Sí, señora, sin duda, y mi fervor es tal...*

ELMIRA. *¡Ay! ¡Cuánto me apretáis!*

TARTUFO. *Es mi exceso de celo. Nunca tuve intención de lastimaros. Antes preferiría... (Le pone la mano en la rodilla.)*

ELMIRA. *¿Qué hace ahí vuestra mano?*

TARTUFO. *Palpo vuestro vestido. Es tan suave el tejido...*

ELMIRA. *¡Ay, por favor, dejadme, que tengo muchas cosquillas! (Echa hacia atrás su silla, pero TARTUFO acerca, a su vez, la suya.)*

TARTUFO. *(Jugueteando con la pañoleta de Elmira.) ¡Dios mío! ¡Qué encaje tan primoroso! Se hacen hoy día verdaderas maravillas con estas cosas. Nunca había visto nada parecido.*

ELMIRA. *Es cierto. Pero vayamos a nuestro asunto. He oído que mi esposo pretende faltar a su promesa y daros la mano de su hija. Decidme, ¿es eso cierto?*

TARTUFO. *Algo de eso me ha dicho. Pero, si queréis que os sea franco, señora, no es ésa la ventura que yo anhelo. Es en otra parte donde descubro los maravillosos encantos de la dicha a la que aspiro.*

ELMIRA. *Ya sé que vos no sentís apego por las cosas de este mundo.*

TARTUFO. *Si, mas sabed que mi pecho no alberga un corazón de piedra.*

ELMIRA. *Lo que yo creo es que es al Cielo adonde tienden todos vuestros anhelos y nada aquí abajo suscita vuestros deseos.*

TARTUFO. *El amor que nos liga a las bellezas eternas no sofoca en nosotros el sentimiento hacia las bellezas temporales. No es extraño, por tanto, que nuestros sentidos se queden hechizados ante las obras perfectas que ha forjado el Cielo. El reflejo de sus gracias brilla en todas las de vuestro sexo, mas en vos, justo es reconocer que se ha prodigado derramando sobre vuestro rostro una hermosura sin par que pasma a quien la contempla y embarga los corazones, y no he podido veros, ¡oh adorable criatura!, sin admirar en vos al Creador de la naturaleza y sin sentir mi pecho traspasado por un ardiente amor ante el más bello de los retratos en que a Sí mismo se pintó. Temí al principio que este fuego sagrado no fuese sino una artera añagaza del espíritu maligno, hasta el punto que más de una vez mi corazón optó por eludir vuestra presencia, creyéndoos un obstáculo para mi salvación. Hasta que al fin comprendí, ¡oh beldad amabilísima!, que esa pasión puede no ser censurable y que en nada afrenta al pudor; de ahí que decidiera darle alas a mi corazón. Es, lo reconozco, una gran osadía por mi parte atreverme a ofrendároslo, pero aunque nada espero de los vanos esfuerzos de mi flaqueza, algo dentro de mi me dice que sí puedo esperarlo todo de vuestra bondad. En vos tengo puestos, por consiguiente, mi esperanza, mi bien y mi sosiego; de vos depende mi duelo o mi bienaventuranza, ya que, a tenor de vuestro dictado, seré eternamente dichoso, si tal es vuestro deseo, o desdichado, si así lo preferís.*

ELMIRA. *Vuestra declaración es, desde luego, de lo más galante, aunque, a decir verdad, también un tanto sorprendente. Pienso que deberíais fortalecer aún más vuestro corazón y razonar un poco sobre las consecuencias de semejante designio. ¡Que un devoto como vos, tan en boca de todos...!*

TARTUFO. *¡Ah! No por ser devoto deja uno de ser hombre, y es que basta contemplar vuestra celestial hermosura para que el corazón quede prendido de ella y deje de razonar. Ya sé, ya sé que semejantes palabras, viniendo de mí, pueden pareceros extrañas, pero considerad, señora, que, después de todo, no soy ningún ángel, y si acaso juzgáis reprobable la confesión que acabo de haceros, culpad de ello al hechizo de vuestros encantos. Desde el momento en que vi brillar su esplendor sobrehumano, os erigisteis en soberana de mi alma. La inefable dulzura de vuestros divinos ojos hizo sucumbir la fortaleza en que mi corazón resistía; no hubo defensa posible: ni ayunos, ni plegarias, ni lágrimas, hasta que al final mi voluntad fue presa de vuestro embrujo. Mil veces os lo han dicho mis ojos y mis suspiros, y sólo para explicároslo mejor, me sirvo ahora de las palabras. Porque, si tuvierais a bien contemplar con ánimo indulgente las tribulaciones de este vuestro indigno siervo, si vuestras bondades accedieran a consolarme dignándose rebajarse hasta esa pura nada que soy, tened por seguro que siempre os profesaría, ¡oh dulcísona maravilla!, una devoción sin par. Vuestro honor conmigo a nada se expone ni tiene por qué temer desgracia alguna. Todos esos galanes cortesanos que traen locas a las mujeres carecen de tacto en sus acciones y en sus palabras; continuamente se les ve jactarse de sus conquistas; no hay favor que no corran a pregonar, y su lengua indiscreta, en la que ellas confían, deshonra el altar en que su corazón oficia. Pero* *las personas como yo ardemos con un fuego pausado y siempre se puede estar seguro de su secreto. El celo con el que velamos por nuestra propia fama constituye la mejor garantía para la persona amada. No lo dudéis, pues, señora: aceptando el corazón de un ser como yo hallaréis un amor sin escándalo y un placer sin sobresaltos.*

ELMIRA. *Oyéndoos hablar así, vuestra retórica se hace explícita en mi alma con claridad meridiana. Mas ¿no teméis que me sienta inclinada a revelar a mi esposo tan ardorosa pasión, y que, conocedor de un amor semejante, os pudiera retirar la amistad que os profesa?*

TARTUFO. *Sé hasta dónde llega vuestra indulgencia y estoy seguro de que perdonaréis mi atrevimiento, como sé que disculparéis los desvaríos de un amor que os agravia, atribuyéndolos a la flaqueza humana, y que consideraréis, consciente de vuestra hermosura, que uno no está ciego y que un hombre es de carne.*

ELMIRA. *Puede que otras tomasen vuestras palabras de modo muy distinto; yo, no obstante, prefiero ser discreta. De lo que me habéis dicho nada diré a mi esposo, mas como compensación exijo una cosa de vos: que os esforcéis por apremiar, con toda franqueza y sin ninguna artimaña, el enlace de Valerio con Mariana, que renunciéis voluntariamente al injusto ascendiente que aspira a alentar vuestra esperanza, quitándosela a otro, y que...*

Comentario de texto 1: *Tartufo*

Jean-Baptiste Poquellin, conocido como Moliere, nació en París en 1622 en el seno de una rica familia burguesa. Estudió con los jesuitas y más tarde se licenció en la facultad de derecho de Orleáns. Aunque sus principios no fueron fáciles, obtuvo un gran éxito gracias a sus comedias. Fue el máximo representante de la literatura francesa del XVII. Murió en 1673 en París.

Su producción literaria es extensa; en ella aprovecha para criticar ciertos aspectos de la sociedad con los que no está de acuerdo.

Su obra *Tartufo* da nombre al protagonista; un hipócrita beato, bastante torpe, que intenta manipular a Orgon. Además, trata de casarse con la hija de éste al tiempo que intenta seducir a su esposa Elmira. Cuando es desenmascarado intenta también aprovecharse de unas donaciones que Orgon le había transmitido. Pero al final, Tartufo es llevado ante el rey y es detenido.

Al escribir esta obra, Molière ataca un grupo muy influyente: los devotos. El autor se refiere sobre todo a los manipuladores conscientes del poder que puede proporcionarles su devoción.

Pero también describe a una familia rica de la gran burguesía. Orgon, una vez establecida su posición financiera, busca una especie de legitimidad religiosa. Esto es signo de su ingenuidad.

En este fragmento, perteneciente a la escena III del acto III, se presenta a Tartufo intentando seducir a Elmira, hasta el punto que se declara abiertamente. El protagonista se vale de varios recursos en el cortejo. Indudablemente, es un maestro en el uso de la palabra y su beatería le abre muchos caminos. Esta es la hipocresía que rechaza Moliere; su personaje se vale de la religión para sacar un provecho.

"TARTUFO. *Mis plegarias carecen del suficiente mérito para haber propiciado semejante gracia divina. Más justo es que sepáis que todas y cada una de las piadosas súplicas que he dirigido al Altísimo sólo tenían por objeto vuestra pronta curación."*

Este es un ejemplo de cómo Tartufo utiliza a Dios para iniciar el cortejo con Elmira. Es, de hecho, su fe lo que da confianza a Elmira.

Mas adelante, Elmira le habla a Tartufo de su relación con la hija de Orgon, pero Tartufo le contesta:

"si queréis que os sea franco, señora, no es ésa la ventura que yo anhelo. Es en otra parte donde descubro los maravillosos encantos de la dicha a la que aspiro."

Se está refiriendo a ella. Tartufo, en su intención de seducirla, se muestra incondicional en su amor y le dedica multitud de piropos que son joyas literarias. El discurso de Tartufo está cargado de metáforas. Vemos un ejemplo:

"El reflejo de sus gracias brilla en todas las de vuestro sexo, mas en vos, justo es reconocer que se ha prodigado derramando sobre vuestro rostro una hermosura sin par que pasma a quien la contempla y embarga los corazones".

Pero Tartufo le dice a Elmira que al principio pensó que eso que él sentía podría ser fruto del maligno, pero luego vio que no y se dejó llevar. Tartufo siempre intenta dar a su discurso un tono espiritual, ya que una de sus armas de seducción es su religiosidad.

Hay un momento en que Tartufo llama a Elmira *soberana de mi alma;* esto, en boca de un beato, podría sonar como una herejía, sin embargo, Tartufo utiliza todo lo que esté a su mano para conseguir su cometido. Esta expresión en boca de Tartufo sorprende a Elmira, que conoce su religiosidad.

De nuevo recurre a la religión en su discurso para hablarle del combate al que se ha sometido para luchar contra ese sentimiento:

"La inefable dulzura de vuestros divinos ojos hizo sucumbir la fortaleza en que mi corazón resistía; no hubo defensa posible: ni ayunos, ni plegarias, ni lágrimas, hasta que al final mi voluntad fue presa de vuestro embrujo".

Este fragmento recoge parte de la personalidad del protagonista. Moliere se vale de él, como ya hemos dicho, para hacer una crítica a la hipocresía en la religión. En el siglo XVII, como ya vimos, el hombre vive una dualidad interna; se debate entre la religiosidad medieval y el "carpe diem" renacentista. Esta obra podría ser una consecuencia de esa dualidad. El hombre del XVII necesita encontrar respuestas a muchas preguntas y muchos de ellos las buscan en la religión. Lo que está claro es que Tartufo nos presenta a una iglesia corrompida, farisea, alejada de lo que ella misma predica. Moliere, quiere dejar claro que esta crítica es solo a un sector de la iglesia. Él es consciente de la cantidad de fieles que viven su fe de forma honesta. A este grupo los aparta de sus críticas.

Pero con *El Tartufo*, Moliere pone de manifiesto dos vicios que mueven al protagonista y a la sociedad: el dinero y el sexo. Tartufo mostrará su hipocresía y su fariseísmo con el fin de conseguir ambas cosas.

Vamos a terminar hablando del estilo. Como es propio del barroco, el lenguaje que utiliza Moliere viene cargado de recursos literarios; las metáforas se van sucediendo dando mucha riqueza al texto. El lenguaje que utiliza recuerda al empleado en los poemas del amor cortés. Un léxico cuidado y una gran riqueza estilística son dos características esenciales en la obra de Moliere.

SIGLO XVIII

Texto 1: *Voltaire*

La tolerancia

"La naturaleza dice a todos los hombres: os he hecho nacer a todos débiles e ignorantes, para vegetar unos minutos sobre la tierra y abonarla con vuestros cadáveres. Puesto que sois débiles, socorreos mutuamente; puesto que sois ignorantes, ilustraos y ayudaos mutuamente. Aunque fueseis todos de la misma opinión, lo que seguramente jamás sucederá, aunque no hubiese más que un solo hombre de distinta opinión, deberíais perdonarle: porque soy yo la que le hace pensar como piensa. Os he dado brazos para cultivar la tierra y un pequeño resplandor de razón para guiaros; he puesto en vuestros corazones un germen, no lo corrompáis, sabed que es divino, y no sustituyáis la voz de la naturaleza por los miserables furores de escuela.

Soy yo sola la que os une a pesar vuestro por vuestras mutuas necesidades, incluso en medio de vuestras crueles guerras con tanta ligereza emprendidas, eterno teatro de los errores, de los azares y de las desgracias. Soy yo sola la que, en una nación, detiene las consecuencias funestas de la división interminable entre la nobleza y la magistratura, entre los dos estamentos y el clero, incluso entre los burgueses y los campesinos. Ignoran todos los límites de sus derechos; pero todos escuchan a pesar suyo, a la larga, mi voz que habla a su corazón. Yo sola conservo la equidad en los tribunales, en donde todo sería entregado sin mí a la indecisión y al capricho, en medio de un montón confuso de leyes hechas a menudo al azar y para unas necesidades pasajeras, diferentes entre ellas de provincia en provincia, de ciudad en ciudad, y casi siempre contradictorias entre sí en el mismo lugar. Yo sola puedo inspirar la justicia, mientras que las leyes solo inspiran los embrollos. El que me escucha juzga siempre bien; y el que sólo busca opiniones que se contradicen es el que se extravía.

Hay un edificio inmenso cuyos cimientos he puesto con mis manos: era sólido y sencillo, todos los hombres podían entrar en él con seguridad; han querido añadirle los ornamentos más extraños, más toscos, más inútiles; el edificio cae en ruinas por los cuatro costados; los hombres recogen las piedras y se las tiran a la cabeza; les grito: deteneos, apartad esos es-

combros funestos que son obra vuestra y habitad conmigo en paz en mi edificio inconmovible."

Comentario texto 1: *Voltaire*

Francois-Marie Arouet (Voltaire) nació en París en 1694. Estudió con los jesuitas a los diez años. En 1711 inicia los estudios de derecho, pero no los acaba, ya que su interés estaba en el mundo de las letras. Es Voltaire, junto con Montesquieu y Rosseau, uno de los máximos representantes del pensamiento del siglo XVIII. Murió en 1778.

Si algo caracterizó a Voltaire fue su incansable lucha por conseguir la convivencia pacífica entre personas de distintas creencias. De ahí su obra *Tratado sobre la tolerancia*, a la que pertenece este fragmento.

El texto es precisamente una reflexión sobre la tolerancia. En él habla la naturaleza en primera persona a todos los hombres. La naturaleza, creadora del ser humano, nos ha hecho débiles, mortales, para que necesitemos la ayuda del otro. Este es el planteamiento que hace el filósofo; la razón que la naturaleza nos ha dado debemos emplearla en ayudar a los demás. Pero es sorprendente cómo Voltaire no sólo habla de la razón, sino que hace alusión a un *germen de compasión*. En esta época en la que impera la razón por encima de todo, Voltaire da importancia al sentimiento, al corazón. Son, precisamente, las cosas del corazón las que nos hacen más humanos. De ahí que Voltaire, quiera resaltar este aspecto.

El segundo párrafo, el autor lo dedica a hablar sobre lo que el hombre hace cuando *corrompe* ese *germen de compasión*. Entonces, aparecen las guerras, las desigualdades sociales, la injusticia… todos estos aspectos son objeto de crítica en los pensadores ilustrados, y Voltaire no iba a ser menos.

Voltaire publicó este tratado en 1763; son los años próximos a la revolución francesa. Ya empiezan a oírse voces de cambio, ya empiezan a exigirse una serie de derechos que culminarán con dicha revolución.

La naturaleza en el texto está personificada; es la que se dirige a los hombres aconsejándolos. Es importante ver cómo el hombre debe escuchar los consejos de la naturaleza para no equivocarse:

"el que me escucha juzga siempre bien; y el que sólo busca conciliar opiniones que se contradicen es el que se extravía"

Voltaire, aunque no era ateo, no creía en la actuación directa de Dios en la vida de los hombres. Identifica la idea de Dios con la naturaleza, a la que le da un carácter divino y creador.

El último párrafo es muy significativo. Utilizando la metáfora del *edificio sólido*, nos habla de una creación perfecta que el hombre ha ido descuidando poco a poco hasta destruirla. Y una vez destruida, *recogen las piedras* y se las *tiran a la cabeza*, cuando *esos escombros* son obra del hombre. A través de esta alegoría, el autor quiere hacernos reflexionar sobre cómo hemos ido corrompiendo todo aquello que se nos ha dado de forma gratuita. Voltaire nos invita volver al *edificio inconmovible*, a no separarnos más de las leyes de la naturaleza, a oír la voz que nos invita a ser tolerantes y respetuosos con los demás.

Como conclusión debemos señalar cómo el texto refleja claramente el espíritu de la Ilustración. La preocupación por temas que afectan a la vida del hombre, así como la importancia de la razón en nuestras actuaciones quedan patentes en el texto.

Respecto al estilo hemos de decir que el texto, como toda la producción de Voltaire, se caracteriza por la llaneza del lenguaje. El autor huye de cualquier tipo de grandilocuencia y ornamentación innecesaria. Los recursos que utiliza (personificaciones, metáforas…) son necesarios para darle un carácter literario al tratado.

EL SIGLO XIX

Texto 1: *Balada del anciano marinero*

*La luna inquieta caminaba por el cielo
y en ningún lugar se detenía:
con calma iba ascendiendo
con una estrella o dos al lado.*

*Sus rayos imitaban el sofoco de las aguas,
como escarcha matutina se extendían;
mas allí donde se extendía la sombra enorme del barco,
las aguas encantadas siempre ardían
con rojo tranquilo y terrible.*

*Más allá de la sombra del navío
contemplaba las serpientes de las aguas:
se movían dejando estelas de blanco resplandor;
y cuando se erguían, la luz encantada
se convertía en copos canos.*

*Dentro de la sombra del navío
contemplaba su atavío tan suntuoso:
azules, de un verde brillante, y de un negro terciopelo
se enroscaban y nadaban; y cada estela
era un relámpago de fuego dorado.*

Parte IV

Comentario de texto 1: *Balada del anciano marinero*

Samuel Taylor Coleridge nació en 1772 en la ciudad de Ottery St. Mary, Devonshire (Inglaterra). Ingresó en un internado tras la muerte de su padre. En 1791 estudió en la universidad de Cambridge, pero abandonó los estudios sin conseguir el título. Fue, junto a William Wordsworth, uno de los fundadores del Romanticismo en Inglaterra. Murió en 1834.

Su obra más famosa es la *Balada o Rima del anciano marinero*, de la que hemos extraído este fragmento.

La obra trata de la aventura vivida por un marinero en alta mar. El protagonista cuenta al invitado de una boda su aventura marítima. Tras desencadenarse una tormenta el barco fue arrastrado hacia el polo sur; un albatros (signo de divinidad) lo acompañaba sirviéndole de guía, pero el viejo marinero lo mató con una ballesta. Cayó entonces una maldición sobre el barco y murió toda la tripulación, excepto el marinero.

Este fragmento, perteneciente a la parte IV, está lleno de elementos propios de Romanticismo.

El primer verso empieza con una personificación de la luna:

"La luna inquieta caminaba por el cielo"

La luna, elemento romántico, va a ser testigo de la tragedia. Es un personaje más de la obra, que contempla desde el cielo el drama sufrido en el barco. Es de noche, pero los rayos de la luna nos permiten ver la escena:

"más allí donde se extendía la sombra del enorme barco,
las aguas encantadas siempre ardían
con un rojo tranquilo y terrible."

Los rayos de la luna le permiten contemplar esta imagen al viejo marinero; la paradoja *aguas-ardían* nos adelanta y nos prepara para la sinestesia que utiliza el autor: *rojo tranquilo y terrible*. Esta sinestesia nos hace presente la sangre derramada por los tripulantes del barco. El rojo de la sangre se vislumbra en las *aguas ardientes*.

En la tercera estrofa nos describe otra imagen:

"contemplaba las serpientes de las aguas"

Ahora el marinero divisa los animales marinos más allá de la sombra del navío. La mirada del anciano se aproxima al barco, es de lejos a cerca; va acercando la mirada hasta la sombra misma del navío. En esta tercera estrofa dice:

"se convertía en copos canos"

Esta metáfora hace referencia al hielo; hay que recordar que la tormenta ha llevado al navío hasta el polo sur. Allí, los bloques de hielo se mezclan con la sangre. Esta imagen llena de color es la que quiere destacar el poeta: el negro de las aguas, el rojo de la sangre y el blanco del hielo.

La mirada del marinero se ha acercado al navío. Ahora es una imagen bien distinta la que se puede distinguir en la noche:

*"Dentro de la sombra del navío
contemplaba su atavío tan suntuoso:
azules, de un verde brillante, y de un negro terciopelo
se enroscaban y nadaban; y cada estela
era un relámpago de fuego dorado."*

En esta estrofa el marinero describe el atuendo de los tripulantes. La imagen es la siguiente: los cadáveres de los marineros, con sus *atavíos tan suntuosos*, flotando sobre las aguas.

Como conclusión hay que señalar que el fragmento recoge muchos de los elementos propios de la literatura romántica: la noche, la luna, la muerte, el miedo... todos ellos contribuyen a crear una atmósfera, cuanto menos, inquietante.

El estilo de Coleridge es impecable; con una utilización brillante de recursos literarios, nos presenta una poesía cargada de imágenes.

Texto 2: *Madame Bovary*

"El día siguiente fue para Emma como un día de duelo. Todo lo veía como envuelto en una atmósfera negra que contorneaba vagamente todas las cosas, y la tristeza se le empozaba en el alma lanzando dulces gemidos, como el viento de invierno cuando ulula en torno a los castillos en ruinas. Era esa la clase de ensoñación que se fija sobre aquello que nunca más ha de volver, esa fatiga que se apodera de nosotros después de cada acontecimiento consumado, ese dolor, en fin, que nos trae la interrupción de movimientos que solíamos hacer, la desaparición súbita de una vibración prolongada.

Igual que a la vuelta de La Vaubyessard, cuando las parejas de bailarines le seguían girando dentro de la cabeza, era presa de una melancolía descarnada, de una desesperanza sorda. Se le aparecía de nuevo Léon, más alto, más hermoso, más dulce, más impreciso. Aunque estuviera lejos de ella, no la había abandonado; seguía allí y las paredes de la casa parecían albergar su sombra. Emma no podía apartar la vista de aquella alfombra que él había pisado, de aquellos sillones vacíos en los que se había sentado.

El río seguía fluyendo y arrastraba sus breves y lentas olas a lo largo de la ribera escurridiza. ¡Cuántas veces habían paseado escuchando aquel mismo murmullo del río, poniendo el pie sobre las piedras cubiertas de musgo! ¡Qué buen sol hacía! ¡Qué tardes tan ricas habían pasado los dos solos, la fondo del jardín, bajo la sombra! Él leía en alta voz un libro, no llevaba nada a la cabeza y estaba sentado en un taburete de madera. La brisa que venía del prado agitaba las páginas del libro y las florecillas del cenador. Se había ido para siempre, ay, se había quedado sin el único aliciente de su vida, sin la última esperanza posible de alcanzar la felicidad. ¿Cómo no había sabido coger la dicha aquella cuando pasó por su lado? ¿Por qué no la había agarrado con las dos manos, con las dos rodillas, cuando intentó esfumarse? Se maldecía por haberse prohibido amar a Léon, tenía sed de su boca. Ganas le entraban de echar a correr a buscarlo, de arrojarse en sus brazos y decirle: ¡Aquí me tienes, tuya soy! Pero las dificultades de tal empresa la frenaban, aun antes de acometerla, y sus anhelos, redoblados por la insatisfacción, se le volvían más punzantes.

A partir de entonces, el recuerdo de Léon vino a convertirse en el punto central de su malestar; chisporroteaba en medio de su hastío como pudiera haberlo hecho un fuego encendido al pasar por unos caminantes y dejado sobre la nieve de una estepa rusa. Emma se precipitaba hacia aquel fuego, se arrimaba a él, removía delicadamente la lumbre a punto de apagarse, buscaba en torno a ella todo cuanto pudiera servir para vivarla. Y tanto las evocaciones más lejanas como los pretextos más a la mano, todo cuanto sentía e imaginaba, sus ansias despilfarradas de placer, sus sueños de dicha que se tronchaban al viento como ramas muertas, su inútil virtud, sus esperanzas fallidas, la yacija conyugal, todo lo iba recogiendo, todo lo amontonaba, todo era bueno para alimentar el fuego de su tristeza."

Comentario de texto 2: *Madame Bovary*

Gustave Flaubert nació en Ruan (Francia) en 1821. Estudió derecho en París durante poco tiempo ya que su delicada salud le obligó a abandonar la carrera. Desde entonces se dedicó por completo a la literatura. Su vida transcurrió de forma tranquila junto a su familia. Murió en 1880.

Podemos decir de Flaubert que es el máximo representante del realismo francés. Su primera obra, Madame Bovary, fue un éxito rotundo, aunque tuvo que enfrentarse a un proceso legal. Tanto el autor como el editor fueron acusados por la inmoralidad de la novela.

La obra, publicada en 1857, cuenta la historia de Emma, una mujer casada con un médico viudo. Ésta, aburrida de su marido, lo engañará con otros hombres. Además lo deja en la bancarrota por sus continuos caprichos y su constante derroche. Toda esta situación de insatisfacción llevará a Emma al suicidio. Después su marido morirá dejando huérfana a su hija Berta.

Este fragmento que proponemos pertenece al capítulo séptimo de la segunda parte de la obra. Emma ha conocido a Léon, un empleado de la notaría. Ella se ha enamorado de él platónicamente pero no ha sido capaz de romper con todo para unirse a él. Ahora Léon se ha marchado a París para empezar una nueva vida. Este fragmento nos muestra en qué situación ha quedado Emma tras la marcha de Léon.

En el primer párrafo podemos ver una serie de elementos que nos describen el estado de ánimo de Emma:

*"El día siguiente fue para Emma como un día de **duelo**. Todo lo veía como envuelto en una **atmósfera negra** que contorneaba vagamente todas las cosas, y la **tristeza** se le empozaba en el alma lazando dulces gemidos, como el viento de **invierno** cuando ulula en torno a los castillos en **ruinas**."*

Los elementos destacados son muestra del sinsentido en el que se ha sumido Emma, elementos que nos recuerdan al romanticismo. Flaubert, a través del comportamiento de Emma, rechaza el sentimentalismo de la etapa anterior; todos estos elementos románticos, que conforman el mundo de Emma, se contraponen a los postulados realistas que defiende Flaubert. El enfrentamiento entre Emma y ese mundo hostil simboliza la ruptura del realismo con respecto al romanticismo.

Ella misma nos cuenta cuál es su estado tras la marcha de Léon:

"Era esa la clase de ensoñación que se fija sobre aquello que nunca más ha de volver, esa fatiga que se apodera de nosotros después de cada

acontecimiento consumado, ese dolor, en fin, que nos trae la interrupción de movimientos que solíamos hacer, la desaparición súbita de una vibración prolongada."

La descripción que hace la protagonista de Léon nos recuerda al platonismo. Emma ha idealizado la figura de Léon; esto es muy característico de su personaje. Para ella, el amor es la única salida de su situación actual. Emma cree que enamorándose podrá salir del hastío en el que vive. Esto es lo que se conoce como *Bovarismo*, el personaje de Emma ha dado lugar a la creación de este término. El *Bovarismo* es una alteración del sentido de la realidad. Emma necesita inventar para vivir; su vida real se ha convertido en una cárcel; ella necesita inventar una nueva para poder escapar de esta. Lo que ocurre es que nunca consigue escapar. Todos los intentos son fallidos. En este caso, vio en Léon una posibilidad de salir del hastío, pero Léon se ha marchado a París dejándola sola.

Es ahora cuando Emma se hace las siguientes preguntas:

"¿Cómo no había sabido coger la dicha aquella cuando pasó por su lado? ¿Por qué no la había agarrado con las dos manos, con las dos rodillas, cuando intentó esfumarse? Se maldecía por haberse prohibido amar a Léon, tenía sed de su boca."

Ahora se arrepiente de su cobardía, de no haber sido capaz de dejarlo todo por él. Entonces se maldice como hará más adelante Ana Ozores en la novela de Clarín. Es importante destacar la similitud del personaje de Emma con el de Anna Karenina o el de Ana Ozores, ambas continuadoras de la obra de Flaubert. Las tres se ven atrapadas en un mundo hostil del que quieren salir a toda costa. Cada una actuará de una manera, pero la psicología de las tres será similar.

El *bovarismo* de Emma nos recuerda al sentimiento de *spleen* del que habla Baudelaire en su obra. Esta angustia existencial que se produce por el paso destructor del tiempo es lo que lleva a Emma a su autodestrucción. La protagonista es testigo del inexorable paso del tiempo, de cómo su vida sigue estancada sin poder hacer nada para remediarlo.

El final de este fragmento es característico porque refleja o adelanta el futuro de la protagonista:

> *"A partir de entonces, el recuerdo de Léon vino a convertirse en el punto central de su malestar (...), sus sueños de dicha que se tronchaban al viento como ramas muertas, su inútil virtud, sus esperanzas fallidas, la yacija conyugal, todo lo iba recogiendo, todo lo amontonaba, todo era bueno para alimentar el fuego de su tristeza."*

Parece como si la protagonista estuviera condenada a vivir en la tristeza toda la vida, más bien, parece que es ella misma la que se ha condenado.

La tristeza en la que vive se va alimentando poco a poco de sus miserias, de su mundo en ruinas…

Parece imposible salir del *Bovarismo*; Flaubert, con la actitud de Emma, hace una crítica al Romanticismo, rechaza los sentimentalismos del movimiento anterior. La actitud romántica de Emma la ha llevado a su destrucción. Flaubert apuesta por el realismo basado en la objetividad y alejado de todo intimismo o romanticismo.

Con un estilo sencillo alejado de toda ornamentación innecesaria, Flaubert abre las puertas al movimiento realista en Francia. Su novela *Madame Bovary* pondría punto y final al movimiento Romántico.

Texto 3: *Las flores de mal*

Canto de otoño

I
Pronto nos hundiremos en las frías tinieblas;
adiós, radiantes cielos y tardes estivales.
Se escucha ya ese ruido, entre fúnebres nieblas,
que hace al caer la leña en los fríos corrales.

En mi pecho va a entrar otra vez el invierno:
odio, temor, horror, el trabajo forzado,
y lo mismo que el sol en su polar infierno
será mi corazón rojo y a un tiempo helado.

Cada tronco parece caer en una tumba;
el cadalso no se alza con tan sombrío eco.

Mi espíritu es la torre que por fin se derrumba
al golpe del ariete infatigable y seco.
Me parece, la oír el monótono ruido,
que están cavando un féretro deprisa en cualquier parte
–¿para mi?–. Adiós, verano; ¡el otoño ha venido!;
Adiós, adiós, amor, belleza, ensueño, arte...

II
Me gusta de tus ojos el verdoso fulgor,
dulce beldad; mas hoy yo no te puedo amar,
y nada, ni tu cuarto, ni el fuego, ni el amor
valen hoy para mí lo que el sol sobre el mar.

Y, sin embargo, ámame con maternal ternura,
igual que a un hijo ingrato, díscolo, indiferente;
Sé mi amante y mi hermana con la misma dulzura,
de un otoño glorioso o un dorado poniente.

¡Breve tarea ya! La tumba ávidamente
aguarda. ¡Déjame, la frente en tus rodillas,
gustar, mientras añoro un verano caliente,
el tiempo de las hojas amarillas!...

Comentario de texto 3: *Las flores del mal*

Charles Pierre Baudelaire nació en París en 1821. Su padre, de setenta años, enseñó las primeras letras a su hijo. Su madre, de unos treinta, le enseñó inglés. Se matriculó en la facultad de derecho. Tuvo problemas con su familia por su adicción a las drogas y a su vida bohemia.

Es el máximo representante del Parnasianismo, corriente poética del realismo literario.

Su vida estuvo en todo momento marcada por el escándalo de sus relaciones personales y por sus publicaciones. *Las flores del mal* lo llevaron hasta los tribunales, pero esto no impidió su publicación. Baudelaire murió, muy deteriorado, en 1867.

La obra se divide en varios capítulos. Este poema pertenece al primero titulado *spleen e ideal*.

El *spleen* de Baudelaire está motivado por su entrega a los vicios, sobre todo las drogas y la prostitución; el autor solo consigue el hastío y en sus poemas refleja la angustia y el sinsentido.

Este poema recoge de forma contundente este sentimiento de *spleen* del que venimos hablando. En él aparecen una serie de elementos que nos muestran la angustia y la preocupación del poeta por el paso del tiempo.

Baudelaire se sirve del final del verano y la consecuente llegada del otoño, para hacer una reflexión poética sobre el paso del tiempo y la muerte.

"Pronto nos hundiremos en las frías tinieblas"

El paso del verano al otoño, para el poeta, es el paso de la luz a las tinieblas; las tinieblas son símbolo de la muerte. Este es el primer elemento que alude a ella. Después sigue diciendo:

"Ya oigo caer los fúnebres golpes
de la leña que retumba en el empedrado de los corrales."

Los golpes son *fúnebres*; parece como si esos golpes estuvieran anunciándole su propia muerte. Aquí tenemos otra alusión a la muerte.

Ahora compara el invierno con una serie de elementos: *cólera, odio, escalofríos, horror, trabajo duro y forzado...* Todos estos elementos negativos los asocia el poeta al invierno, también símbolo de la muerte, ya que es lo contrario a la primavera, en la que todo florece.

Es en el último verso de la segunda estrofa donde se recoge el ideal de la poesía parnasiana:

"mi corazón ya no será más que un bloque rojo y helado"

Incluida en el Realismo, la poesía parnasiana se aleja del sentimiento romántico. Aquí habla de un corazón helado, incapaz de amar.

El sonar de la madera continúa acechando al poeta; esos golpes son cada vez más fuertes y más cercanos:

"Escucho tembloroso cada leño que cae..."

Es en la última estrofa donde el poeta alude de forma más directa a la muerte:

> *Me parece, al oír el monótono ruido,*
> *que están cavando un féretro deprisa en cualquier parte*
> *—¿para mí?—. Adiós, verano; ¡el otoño ha venido!;*
> *Adiós, adiós, amor, belleza, ensueño, arte...*

El poeta sigue oyendo el golpear de la madera; este ruido le sugiere su muerte. La llegada del otoño significa el fin de muchas cosas: *amor, belleza, ensueño* o la propia vida, quizá.

La segunda parte de la composición presenta un tono distinto a la primera; en ésta, el poeta se siente incapaz de amar, pero tiene la necesidad de ser querido.

> *"Dulce beldad; mas hoy yo no te puedo amar,*
> *y nada, ni tu cuarto, ni el fuego, ni el amor*
> *valen hoy para mí lo que el sol sobre el mar.*
>
> *Y, sin embargo, ámame con maternal ternura,*
> *igual que a un hijo ingrato, díscolo, indiferente"*

La muerte cercana le hace ver al poeta la necesidad de sentirse amado. En su hastío, en su *spleen*, se siente incapaz de amar a nadie; *hoy no te puedo amar*, dirá.

Al final del poema, la tumba, la muerte personificada, espera impaciente al poeta. Esta es la sensación que él tiene. Pero el poeta exclama:

> *"Déjame, la frente en tus rodillas,*
> *gustar, mientras añoro un verano caliente,*
> *el tiempo de las hojas amarillas!... "*

Baudelaire ve una posibilidad de vida después del otoño; el poeta añora el verano como vía de escape, como forma de burlar el otoño, la muerte.

Respecto al estilo debemos señalar cómo el autor abusa de la metáfora para crear un clima decadente. Esta fue una de sus principales características estilísticas. De hecho, para muchos es considerado como el padre del Decadentismo.

EL SIGLO XX

Texto 1: *El existencialismo es un humanismo*

"Consideremos un objeto fabricado, por ejemplo un libro o un cortapapel. Este objeto ha sido fabricado por un artesano que se ha inspirado en un concepto; se ha referido al concepto de cortapapel, e igualmente a una técnica de producción previa que forma parte del concepto, y que en el fondo es una receta. Así, el cortapapel es a la vez un objeto que se produce de cierta manera y que, por otra parte, tiene una utilidad definida, y no se puede suponer un hombre que produjera un cortapapel sin saber para qué va a servir ese objeto. Diríamos entonces que en el caso del cortapapel, la esencia –es decir, el conjunto de recetas y de cualidades que permiten producirlo y definirlo– precede a la existencia; y así está determinada la presencia frente a mí de tal o cual cortapapel, de tal o cual libro. Tenemos aquí, pues, una visión técnica del mundo, en la cual se puede decir que la producción precede a la existencia.

Al concebir un Dios creador, este Dios se asimila la mayoría de las veces a un artesano superior; y cualquiera que sea la doctrina que consideremos, trátese de una doctrina como la de Descartes o como la de Leibniz, admitimos siempre que la voluntad sigue más o menos al entendimiento, o por lo menos lo acompaña, y que Dios, cuando crea, sabe con precisión lo que crea. Así el concepto de hombre, en el espíritu de Dios, es asimilable al concepto de cortapapel en el espíritu del industrial; y Dios produce al hombre siguiendo técnicas y una concepción, exactamente como el artesano fabrica un cortapapel siguiendo una definición y una técnica. Así, el hombre individual realiza cierto concepto que está en el entendimiento divino. En el siglo XVIII, en el ateísmo de los filósofos, la noción de Dios es suprimida, pero no pasa lo mismo con la idea de que la esencia precede a la existencia. Esta idea la encontramos un poco en todas partes: la encontramos en Diderot, en Voltaire y aun en Kant. El hombre es poseedor de una naturaleza humana; esta naturaleza humana, que es el concepto humano, se encuentra en todos los hombres, lo que significa que cada hombre es un ejemplo particular de un concepto universal, el hombre; en Kant resulta de esta universalidad que tanto el hombre de los bosques, el hombre de la naturaleza, como el burgués, están sujetos a la misma definición y poseen las mismas cualidades básicas. Así pues, aquí también la esencia del hombre precede a esa existencia histórica que encontramos en la naturaleza.

El existencialismo ateo que yo represento es más coherente. Declara que si Dios no existe, hay por lo menos un ser en el que la existencia precede a la esencia, un ser que existe antes de poder ser definido por ningún concepto, y que este ser es el hombre, o como dice Heidegger, la realidad humana. ¿Qué significa aquí que la existencia precede a la esencia? Significa que el hombre empieza por existir, se encuentra, surge en el mundo, y que después se define. El hombre, tal como lo concibe el existencialista, si no es definible, es porque empieza por no ser nada. Sólo será después, y será tal como se haya hecho. Así, pues, no hay naturaleza humana, porque no hay Dios para concebirla.

El hombre es el único que no sólo es tal como él se concibe, sino tal como él se quiere, y como se concibe después de la existencia, como se quiere después de este impulso hacia la existencia; el hombre no es otra cosa que lo que él se hace. Éste es el primer principio del existencialismo. Es también lo que se llama la subjetividad, que se nos echa en cara bajo ese nombre. Pero ¿qué queremos decir con esto sino que el hombre tiene una dignidad mayor que la piedra o la mesa? Pues queremos decir que el hombre empieza por existir, es decir, que empieza por ser algo que se lanza hacia un porvenir, y que es consciente de proyectarse hacia el porvenir. El hombre es ante todo un proyecto que se vive subjetivamente, en lugar de ser un musgo, una podredumbre o una coliflor; nada existe previamente a este proyecto; nada hay en el cielo inteligible, y el hombre será, ante todo, lo que habrá proyectado ser. No lo que querrá ser. Pues lo que entendemos ordinariamente por querer es una decisión consciente, que para la mayoría de nosotros es posterior a lo que el hombre ha hecho de sí mismo. Yo puedo querer adherirme a un partido, escribir un libro, casarme; todo esto no es más que la manifestación de una elección más original, más espontánea que lo que se llama voluntad. Pero si verdaderamente la existencia precede a la esencia, el hombre es responsable de lo que es. Así, el primer paso del existencialismo es poner a todo hombre en posesión de lo que es, y asentar sobre él la responsabilidad total de su existencia. Y cuando decimos que el hombre es responsable de sí mismo, no queremos decir que el hombre es responsable de su estricta individualidad, sino que es responsable de todos los hombres. Hay dos sentidos de la palabra subjetivismo, y nuestros adversarios juegan con los dos sentidos. Subjetivismo, por una parte, quiere decir elección del sujeto individual por sí mismo, y por otra, imposibilidad para el hombre de sobrepasar la subjetividad humana. El segundo sentido es el sentido profundo del existencialismo."

Comentario texto 1: *El existencialismo es un humanismo*

Jean-Paul Sartre nació en París en 1905. Se crió en un ambiente burgués que le marcaría en su formación intelectual. Fue profesor de filosofía en el Liceo del Havre. La publicación de *La náusea* consiguió un gran éxito literario, al que le siguieron otros muchos. Fue Sartre uno de los precursores del existencialismo en su vertiente atea. Murió en 1980.

El fragmento que proponemos de su obra *El existencialismo es un humanismo*, recoge claramente parte de su pensamiento. Fue publicada en 1946 y es una reflexión sobre lo que para el filósofo es el existencialismo.

Antes de centrarnos en el texto, hay que explicar que el existencialismo de Sartre, es un existencialismo ateo y pesimista. Hemos ido hablando un poco desde el principio de la evolución del pensamiento desde la Edad Media hasta nuestros días. Es fundamental conocer el pensamiento, al igual que la historia, para entender la literatura. En la filosofía hay un punto clave que marcará un antes y un después; la Edad Moderna será el principio del cambio. Hasta este punto, filosofía y religión habían ido de la mano; ahora, con la llegada del antropocentrismo, ambas empiezan trayectorias independientes. La filosofía irá separándose de la fe en sus planteamientos a lo largo de los siglos, pasando por el racionalismo del XVIII hasta llegar a las posturas más radicales del XIX, con Nietzsche y Schopenhauer. Ahora en el siglo XX, y como consecuencia de toda esta filosofía anterior, aparece el existencialismo, corriente filosófica que se basa en el papel crucial de la existencia, de la libertad y de la elección individual.

Para Sartre, el existencialismo, como indica el título, es un humanismo. Pero no un humanismo basado en la bondad o en la excelencia de la humanidad, sino porque declara que no hay otro legislador que el hombre mismo. Sartre, en el texto, intenta negar la existencia de un Dios creador, colocando al hombre, como en el siglo XVI, en el centro de todas las cosas. El hombre es principio y fin; surge de la nada y se hace a sí mismo:

"...el hombre empieza por existir, se encuentra, surge en el mundo, y que después se define"

La idea de Dios como creador queda anulada en este planteamiento que hace Sartre sobre al existencia. Esta concepción deja al hombre alejado de cualquier idea de trascendencia y además tira por tierra siglos de filosofía.

Volviendo al texto, vamos a ver que dice Sartre cuando el hombre ya *ha surgido*.

"El hombre es el único que no sólo es tal como él se concibe, sino tal como él se quiere, y como se concibe después de la existencia, como se quiere después de este impulso hacia la existencia; el hombre no es otra cosa que lo que él se hace. Éste es el primer principio del existencialismo."

El hombre, como único legislador de su vida, es el que se hace a sì mismo. Entra en un proceso evolutivo en el que va perfeccionando su condición humana:

"El hombre es ante todo un proyecto que se vive subjetivamente".

Sartre considera al hombre un proyecto, algo por realizar. Es algo que parte de la nada hacia la condición humana.

También habla Sartre de responsabilidad en el texto. Para él, el hombre no solo es responsable de sí mismo, sino de toda la colectividad. El hombre ha de romper su subjetividad individual para conocer su existencia.

Con estos planteamientos, Sartre declara que el ser humano necesita una base racional para su vida, pero incapaz de conseguirla, sufre y se frustra.

La angustia del hombre viene provocada precisamente por esto; nada puede salvarnos, estamos o *surgimos* en el mundo porque sí, sin razón y de forma absurda:

"Todo lo que existe nace sin razón, se prolonga por debilidad y muere por causalidad".

En esta frase quedaría recogido todo el pensamiento de Sartre respecto a la existencia humana.

ANEXO

LAS FIGURAS LITERARIAS

Figuras de orden

– **Hipérbaton:** es la alteración del orden lógico o normal de los elementos de una oración o un verso:

*"Volverán las oscuras golondrinas
en tu balcón sus nidos a colgar."*
Bécquer

– **Quiasmo:** es la ordenación inversa de miembros equivalentes que aparecen cruzados:

*"No son todos los que están
ni están todos los que son."*

– **Retruécano:** es la contraposición de dos frases que tienen las mismas palabras pero en orden inverso, de manera que sus sentidos se opongan:

*"En este país no se lee porque no se escribe, o no se escribe
porque no se lee"*
Larra

Figuras de repetición

– **Aliteración:** es la repetición de un sonido o de varios sonidos en una oración con la intención de imitar un sonido o transmitir una sensación:

"A las aladas almas de las rosas"
Miguel Hernández

– **Anadiplosis:** consiste en repetir la última palabra con la que termina una frase o un verso al principio de la frase o del verso siguiente:

*"Mi sien, florido balcón
de mis edades tempranas,*

*negra está, **y mi corazón**,*
***y mi corazón** con canas."*

– **Anáfora:** consiste en la repetición de una o varias palabras al principio de cada frase o de cada verso:

"El ojo humano, ojo luz,
el ojo caos, el ojo universo…"
Vicente Huidobro

– **Concatenación:** Es una anadiplosis continuada:

"Todo pasa y todo queda,
pero lo nuestro es pasar,
pasar haciendo caminos,
caminos sobre la mar"
Antonio Machado

– **Epanadiplosis:** consiste en empezar y acabar un verso o una frase con la misma palabra:

"Verde que te quiero verde"
Lorca

– **Paralelismo:** consiste en la repetición de estructuras sintácticas:

"Era la sed, el hambre, y tú fuiste la fruta.
era el duelo y las ruinas, y tú fuiste el milagro"
Pablo Neruda

– **Paronomasia:** es la unión de dos palabras con sonido parecido pero distinto significado:

"Mimarse no es mirarse, ni minarse"

– **Pleonasmo:** es el uso innecesario de palabras para la comprensión de una idea:

"Noche oscura"

– **Polisíndeton:** es la repetición de conjunciones en un verso o en una oración:

"Y sueña. Y ama y vibra."
Rubén Darío

Figuras de supresión

– **Asíndeton:** es la eliminación de conjunciones o nexos en una oración o en un verso:

"relumbra fuego ardiente,
tiembla la tierra, humíllase la gente."
Fray Luís de León

– **Elipsis**: consiste en la eliminación de palabras en una oración o en un verso:

"Por una mirada, un mundo;
Por una sonrisa, un beso…"
Bécquer

Figuras de significado

– **Metáfora:** es la identificación entre un término real y uno imaginario que mantienen una relación de semejanza:

"Como hilos de oro se posaban sobre sus hombros"

– **Alegoría:** es la utilización continuada de la metáfora en un texto o en un poema:

"Este mundo es el camino
para el otro, que es morada
sin pesar
mas cumple tener buen tino
para andar esta jornada

> *sin errar.*
> *Partimos cuando nascemos*
> *andamos, mientras vivimos,*
> *y llegamos*
> *al tiempo que fenecemos*
> *así que cuando morimos*
> *descansamos."*
>
> Jorge Manrique

– **Antítesis:** es la unión de palabras en un verso o frase con significados opuestos:

> *"Es fuego helado"*

– **Calambur:** es un juego de palabras en el que se cambia la agrupación de las sílabas en una o más palabras:

> *"Con el pico de mis versos*
> *A este Lopico lo pico"*
> Góngora

– **Hipérbole:** expresar algo de manera exagerada:

> *"Te llamé un millón de veces"*

– **Metonimia:** consiste en designar una cosa con el nombre de otra con la que guarda algún tipo de relación:

> *"Tengo un Picasso en la pared"*

– **Paradoja:** es la utilización de expresiones aparentemente contradictorias:

> *"vivo sin vivir en mí"*
> Santa Teresa

– **Personificación:** es la atribución de cualidades humanas a animales u objetos:

"La luna se ríe de mi"

– **Sinécdoque:** consiste en nombrar un todo utilizando alguna de su partes:

"un rebaño de cien cabezas"

– **Sinestesia:** cuando unimos dos sensaciones que percibimos por sentidos distintos:

"el dulce color de sus ojos"

TIPOS DE ESTROFAS

– **Pareado:** es una estrofa de dos versos, de arte mayor o menor, con rima asonante o consonante:

"De pronto defiende su fe
con la pistola o con el pie"
Jorge Guillén

– **Terceto:** es una estrofa de tres versos endecasílabos con rima consonante ABA:

"Yo dejo el alma detrás; llevo delante,
desierto y solo, el cuerpo peregrino,
y a mí no traigo cosa semejante."
Quevedo

– **Soleá:** es una estrofa de tres versos de arte menor con rima asonante:

"Cuando yo me muera
entre los naranjos
y a la hierba buena."
Lorca

– **Cuarteto:** estrofa de cuatro versos endecasílabos con rima consonante ABBA:

"Tú y tu desnudo sueño. No lo sabes.
Duermes. No. No lo sabes. Yo en desvelo,
y tú, inocente, duermes, bajo el cielo.
Tú por tu sueño y por el mar las naves."
Gerardo Diego

– **Serventesio:** Estrofa de cuatro versos endecasílabos con rima consonante ABAB:

"Yo soy aquel que ayer no más decía
El verso azul y la canción profana,

En cuya noche un ruiseñor había
Que era alondra de luz por la mañana."
Rubén Darío

– **Cuaderna vía:** estrofa de cuatro versos alejandrinos (14 sílabas) separados por cesura con rima consonante:

"Descansaba nuestro Cid   y lo hacían las mesnadas.
Al rey que había en Sevilla   un mensaje le llegaba:
Que tomada fue Valencia   sin que pudieran guardarla.
Entonces él acudió   con treinta mil hombres de armas."
Cantar de Mío Cid

– **Redondilla:** estrofa de cuatro versos octosílabos con rima consonante abba:

"Hombres necios que acusáis
a la mujer sin razón,
sin ver que sois la ocasión
de aquello mismo que culpáis."
Sor Juana Inés de la Cruz

– **Cuarteta:** estrofa de cuatro versos octosílabos con rima consonante abab:

"Mi cantar vuelve a plañir:
Aguda espina dorada,
quién te pudiera sentir
en el corazón clavada."
Antonio Machado

– **Copla:** estrofa de cuatro versos de arte menor con rima asonante en los pares, quedando sueltos los impares:

"En el balcón, un instante
nos quedamos lo dos solos.
Desde la dulce mañana
de aquel día, éramos novios."
Juan Ramón Jiménez

– **Seguidilla:** estrofa de cuatro versos de arte menor: el primero y el tercero son heptasílabos y el segundo y el cuarto, pentasílabos. La rima es asonante:

"Pues andáis en las palmas,
ángeles santos,
que se duerme mi niño,
tened los ramos."
Lope de Vega

– **Quintilla:** estrofa de cinco versos de arte menor y rima libre:

"Si las flores del jardín
mueren, joven, con el día,
yambién las de mi poesía
muerte igual tendrán al fin
aunque un poco más tardía."
Carolina Coronado

– **Quinteto:** estrofa de cinco versos de arte mayor y rima libre:

"Solo la edad me explica con certeza
por qué un alma constante, cual la mía,
escuchando una idéntica armonía,
de lo mismo que hoy saca tristeza
sacaba en otro tiempo alegría."
Ramón de Campoamor

– **Lira:** estrofa de cinco versos con el siguiente esquema métrico: 7a 11B7a7b11B:

"El aire se serena
y viste de hermosura y luz no usada,
Salinas, cuando suena
la música estremada,
por vuestra sabia mano gobernada."
Fray Luis de León

– **Copla de pie quebrado:** estrofa de seis versos de arte menor con el siguiente esquema métrico: 8a8b4c8a8b4c:

"Recuerde el alma dormida
avive el seso y despierte
contemplando
cómo se pasa la vida,
cómo se viene la muerte
tan callando;
cuán presto se va el placer;
cómo, después de acordado,
da dolor;
como a nuestro padecer,
cualquier tiempo pasado
fue mejor."
Jorge Manrique

– **Sextina:** estrofa de seis versos de arte mayor:

"No hay tantos animales en las ondas,
Ni menos sobre el cerco de la luna
Tantas estrellas vido alguna noche,
Ni tantas aves vuelan por los bosques,
Ni aun tantas hierbas nacen en el campo
Cuantos son mis supiros cada tarde."
Petrarca

– **Octava real:** estrofa de ocho versos endecasílabos con rima consonante ABABABCC:

"Cadena de lunados eslabones,
con pelota real, tennís de espina:
dolorosa de muchos corazones,
émula madurez plural de China.
Contra el viento, rotundas conjunciones,
bofetadas en círculos coordina:
plenilunios de espejos de verdura,
donde se ve Albacete en miniatura."
Miguel Hernández

– **Copla de arte mayor:** estrofa de ocho versos dodecasílabos divididos en dos hemistiquios por cesura. La rima es consonante ABBAACCA o ABABBCCB:

"¿Pues cómo, Fortuna, regir todas las cosas
con ley absoluta sin orden te place?
¿tú no farías lo que el cielo face,
O facen los templos, las plantas y rosas?
O muestra tus obras ser siempre dañosas,
o prósperas, buenas, durables, eternas;
non sos fatigues con veces alternas,
alegres agora e agora enojosas."
　　　　　　　　　　　Juan de Mena

– **Décima o Espinela:** estrofa de diez versos octosílabos con rima consonante abbaaccddc:

"¡Beato sillón! La casa
corrobora su presencia
con la vaga intermitencia
de su invocación en masa
a la memoria. No pasa
nada. Los ojos no ven,
saben. El mundo está bien
hecho. El instante lo exalta
a marea, de tan alta,
de tan alta, sin vaivén."
　　　　　　　　　　　Jorge Guillén

– **Soneto:** estrofa de 14 versos agrupados en dos cuartetos y dos tercetos:

"Escrito está en mi alma vuestro gesto
y cuanto yo escribir de vos deseo:
vos sola lo escribistes; yo lo leo
tan solo, que aun de vos me guardo en esto.
En esto estoy y estaré siempre puesto,

que aunque no cabe en mi cuanto en vos veo,
de tanto bien lo que no entiendo creo,
tomando ya la fe por presupuesto.
yo no nací sino para quereros;
mi alma os ha cortado a su medida;
por hábito del alma mima os quiero;
cuanto tengo confieso yo deberos;
por vos nací, por vos tengo la vida,
por vos he de morir, y por vos muero."
Garcilaso de la Vega

– Romance: es una composición de versos octosílabos con rima asonante en los pares –a-a-a-….:

"Que por mayo era por mayo,
cuando hace el calor,
cuando los trigos encañan
y están los campos en flor,
cuando canta la calandria
y responde el ruiseñor…"
Anónimo

– Silva: es una composición formada por versos heptasílabos y endecasílabos con rima consonante:

"Tórtola solitaria, que llorando
tu bien pasado y tu dolor presente,
ensordeces la selva con tus gemidos;
cuyo ánimo doliente
se mitiga penando
bienes asegurados y perdidos:
si inclinas los oídos
a las piadosas y dolientes quejas
de un espíritu amargo
(breve consuelo de un dolor tan largo)
con quien, amarga soledad, me aquejas,
yo con tu compañía
y acaso a ti aliviará la mía."
Francisco de la Torre

BIBLIOGRAFÍA

- *Historia de la literatura*, Juan Luis Alborg. Editorial Gredos.
- *Ciencias Sociales. Geografía e historia*. Anaya.
- *Lengua y literatura. Canal 3*. Vicens-Vives.
- *Lengua y literatura. Canal 4*. Vicens-Vives.
- *Lengua y literatura. Contexto 3*. SM.
- *Lengua y literatura. Contexto 4*. SM.
- *Lengua y literatura*. 3º ESO. Santillana.
- *Lengua y literatura*. 4º ESO. Santillana.
- *Historia de la filosofía.* Vicens- Vives.
- *Antología de Quevedo*. Castalia didáctica.
- *Antología Góngora*. Castalia didáctica.
- *Antología Garcilaso de la Vega*. Castalia didáctica.
- *Pedro Salinas*. Castalia didáctica.
- *Antología poética del 27*. Editorial Castalia.
- *Obras de Gustavo Adolfo Bécquer*. Arguval.
- *Madame Bovary*. Biblioteca el Mundo.
- *Las flores del mal*. Biblioteca el Mundo.
- *La vida es sueño*. Biblioteca el Mundo.
- *El Tartufo*. Biblioteca el Mundo.
- *Del sentimiento trágico de la vida*. Biblioteca nueva.
- *El conde Lucanor*. Castalia didáctica.
- *El sí de las niñas*. Castalia didáctica.
- *El caballero de Olmedo*. Castalia didáctica.
- *La vida de Lazarillo de Tormes*. Castalia didáctica.
- *Don Quijote de la Mancha*. Castalia didáctica.
- *Cantar de Roldán*. Biblioteca nueva.
- *El Decámeron*. Liber ediciones.
- *La Regenta*. Castalia didáctica.
- *Campos de Castilla*. Cátedra.
- *Historia de una escalera*. Espasa Calpe.